本书受国家社科基金重大项目"新产业革命的发展动向、影响与中国应对战略研究"（13&ZD157），河南省教育厅高等学校重点课题"不成熟创新系统中企业和高校关系：特点和影响因素"（17A790045）的资助。

Structural
Changes
in

and
Productivity
Growth

中国制造业
结构变动与生产率增长

王霄琼　著

社会科学文献出版社
SOCIAL SCIENCES ACADEMIC PRESS (CHINA)

摘　要

现代经济的增长越来越表现为结构调整的过程。结构调整带来的生产率增长是推动经济发展的关键。改革开放以来，我国制造业迅速发展，成为拉动中国经济快速发展的引擎。制造业发展不仅表现为总量的快速增加，还表现为结构的调整。2008 年的全球金融危机充分表明了实体经济的重要性。制造业是实体经济的核心，因此，未来我国经济持续发展仍然需要以制造业发展为基础。进入 21 世纪之后，劳动力、土地成本节节攀升，资源环境约束进一步加剧，提高生产率成为制造业发展的主要路径。在这种背景下，研究我国制造业结构变动对部门生产率增长的作用，对确定未来制造业结构调整的方向及促进制造业增长质量的改善都具有一定的现实意义。

本书依据发展经济学、新古典经济增长理论以及演化经济学的相关理论，分析了结构变动影响部门生产率的经济机理。在说明改革开放以来我国制造业结构变动趋势的基础上，应用随机前沿生产函数衡量我国制造业结构变动对部门全要素生产率的促进作用，发现其规律。为了解释这种规律，进一步利用制造业两位数细分行业的面板数据，识别影响我国制造业结构变动的重要因素，通过分析这些因素在结构变动生产率效应中的贡献，说明其原因。在这一分析过程中发现不同因素在结构变动生产率效应中发挥作用的特点或渠道，以此为基础并结合新产业革命发生发展的背景提出制造业结构调整的政策导向。

综合以上研究，本书得出如下结论。①无论是把制造业划分为消费品、中间产品和资本品三大类，还是依据要素密集度进行分类，改革开放以来我国制造业产出结构存在明显改变。鉴于数据的可获得性，衡量了1986~2011年我国制造业结构变动对部门全要素生产率的促进作用，发现制造业结构变动的生产率效应随时间大致呈变缓的趋势。②结构变动的生产率效应中市场化改革的贡献具有一次性的特点，在改革迅速推进的20世纪90年代，其贡献较为显著。出现这一结果的原因是：制造业结构变动的生产率效应中市场化改革的贡献来自资源无效配置和资源有效配置之间的落差所形成的势能，改革措施的实施一旦消除了这种势能，就不能再对部门生产率增长产生促进作用，于是也就形成了市场化贡献一次性的特征。另外，我们的研究还发现，市场化改革贡献的绝大部分来自纠正劳动力价格扭曲，2000年之后纠正资本价格扭曲的贡献呈现上升趋势，但其比重依然较小。市场化改革贡献的减弱不意味着市场化改革不重要，一些阻碍要素自由流动的制度性因素依然存在，通过深化改革进一步完善市场经济机制依然任重道远。③结构变动的生产率效应中技术进步的贡献体现为两个方面，一是快速技术进步行业的比重上升带来制造业部门生产率增长，称其为直接贡献；二是快速技术进步行业通过"与用户相关的外溢"等，促进其他行业生产率增长，进而提高部门生产率，称其为间接贡献。我们的研究发现，结构变动的生产率效应中技术进步的贡献更多来自间接渠道。出现这一结果的原因是：行业特性决定了快速技术进步行业的需求并未呈现大幅度增加的趋势，于是，这些快速技术进步行业并没有大量吸纳劳动力流入，其劳动力比重增加幅度有限，对部门生产率的贡献更依赖于"与用户相关的外溢"实现。④结合以上研究结论，考虑到未来我国制造业结构调整的新产业革命背景，结构调整政策的着力点应集中于推进新兴产业与传统产业联动发展，协同区域间制造业结构调整，及时捕捉制度调整的空间，变选择性产业政策为功能性产业政策等方面。

关键词： 结构变动　生产率增长　中国制造业　市场化改革技术进步

Abstract

Structure change is the salient feature of modern economic growth. Productivity growth brought about by structural change is the key to promoting economic development. Since the 1980s, the rapid development of China's manufacturing industry has become the engine of "Chinese economic miracle". The development of the manufacturing industry is not only reflected in the rapid increase of output, but also reflected in structural adjustment. In the year of 2008, the outbreak of the global financial crisis has fully demonstrated the importance of real economy. The manufacturing industry is the core of the real economy. Therefore, in the process of industrialization, the manufacturing industry is the basis for future sustainable development of China's economy. After entering the new century, the cost of labor and land is increasing, the constraints of resource and environment are further intensified, the increase in the productivity of the manufacturing industry is the main path of development. In this context, to study the influence on sectoral productivity brought about by the structure change in the manufacturing industry is of practical significance to the development of the manufacturing industry and the transformation of the mode of economic growth in the future.

Based on the theory of development economics, neoclassical growth theory and evolutionary economics, this article analyzes the economic mechanism through which, the structure change affect sectoral productivity. Based on the current situation and trend of structural change in China's manufacturing industry after the reform and opening up, this article identifies those significant factors which affect the structure change of China's manufacturing industry. And using stochastic frontier production function, dynamic panels and other methods, we measure the role of structure change of China's manufacturing industry in sector productivity growth, and study the contribution of the marketalization and technological progress in this process.

Based on the above study, we draw the following conclusions. ①There were significant change in the structure of China's manufacturing industry after the reform and opening up. Given the availability of data, we measure the role of structure change of China's manufacturing industry in sector productivity growth between 1986 and 2011. During this period, this influence demonstrated a downward trend over time. The contribution of structural change in the manufacturing sector to total factor productivity reached the greatest point during the 1990s, especially in the first half of the nineties. After entering the new century, this contribution showed a downward trend, far below that of the nineties. ② The Contribution of market reforms in the productivity effects of structure change shows the one-time property. In the nineties when government rapidly advanced market-oriented reforms, this kind of contribution was relatively prominent. The contribution of market-oriented reforms is based on the gap between the efficient allocation of resources and invalid allocation. Once the implementation of reform measures eliminates this gap, these reform measures will lose the ability to change the structure and enhance the sectoral productivity growth. Also, Most of the contribution of market reforms comes from the correction of labor price distortions. After 2000, the contribution from correcting capital price distortions has been rising, but its share was still small. Although market reforms can only promote structural change and bring about the growth of sectoral productivity in the short term, in the long run, the degree of the development of market mechanisms determines the level of sophistication and rationalization of industrial structure. In the future, it is necessary to deepen market reforms. ③ The contribution of the technological progress to the productivity effect of structure change is embodied in two aspects. First, the rising proportion of the industry of technological progress leads to the increased productivity of the manufacturing sector. We can call this the direct contribution. Second, the industry of rapid technological advances through "the spillover associated with the users," etc. , promotes the productivity growth in other industries, and ultimately improves the sector productivity, which can be called the indirect contribution. Our study demonstrated the role of the technological progress rely more on indirect contribution. The reason for this result is that after the reform and opening up, the increase of labor in those industries with rapid technological progress is limited, that is to say, because the demand has not massive increase these industries did not absorb too much labor. ④Combining these findings and taking into account the background of the new industrial revolution in the future, the measure that promote China's structure change of the manufacturing industry should concern to facilitate the integration of the traditional industries and the emerging industries, coordinate structure adjustment of manufacturing industry between regions of China, timely capture the opportunity of institution adjustment and transform selective industrial policy to functional industrial policy.

Keywords: Structure Change; Productivity Growth; China's Manufacturing Industry; Market Reforms; Technological Progress

目　录

第一章 引言

第一节 选题背景和研究意义

一 选题背景

生产率增长关系到我国经济增长的质量，是实现又好又快发展的标志。而产业结构调整是实现生产率增长的重要途径。制造业部门在经济发展过程中存在明显的外部性，是促进经济发展的重要产业部门（Freeman，1997）。另外，对于我国而言，研究制造业结构变动对部门生产率的促进作用基于以下两个方面的现实。

第一，经济发展环境的变化凸显生产率增长在制造业发展过程中的重要性。

随着工业化进程的不断推进，我国能源资源以及生态环境对经济发展，尤其是对制造业发展的约束趋紧。能源资源以及生态环境约束逐渐强化的原因，不仅来自我国人均资源匮乏的现实状况，更多地产生于我国生产率低下的状况，尤其是制造业能源使用效率较低。例如，2012年我国每万元国内生产总值的能耗为0.697吨标准煤，是世界平均水平的1.8倍、美国的2.2倍、欧盟的3.1倍、日本的3.8倍；制造业部门的钢铁、化工、建材等六个高能耗行业用能比重超过50%（张隽等，2013）。2000年之后，我国能源效率呈现恶化现象，尤其是在2002～2005年间能源效率逐年下降（孙广生等，2012）。能源和生态环境约束趋紧，要求我国制造业发展不能仅仅追求数量扩张，还要实现以生产率增长为核心的发展质量提高。

另外，我国要素条件的变化决定了依靠要素投入的粗放型增长方式不能持续，未来制造业增长只能建立在生产率提高的基础上。改革开放初期，我国农业剩余劳动力大量存在，这些剩余劳动力在农业中的边际产出为零。随着我国经济体制改革的推进，劳动力能够在产业间流动。农村剩余劳动力从农业流向非农产业（主要是工业）是资源配置的帕累托改进，社会总产出随之增长。农村剩余劳动力从农业转向非农产业影响了资本边际报酬，非农产业中劳动要素不断增加，使资本边际回报保持稳定，这就刺激了资本积累。于是改革开放后我国经济增长更多地依赖要素投入的增加。2004 年之后的"民工荒"以及非熟练工人工资迅速上升标志着"刘易斯转折点"的出现（蔡昉，2013）。劳动力向非农产业的转移逐渐趋缓，这就降低了资本边际产出。资本边际产出减少就会抑制民间投资。一项研究分析了我国民营经济比较活跃的浙江省的投资水平，该研究表明 2003 年浙江省工业投资增长率为 54.9%，是自 1993 年以来的最高水平。此后，制造业投资增长率持续回落，2006 年之后，制造业投资增长率徘徊于 9% ~ 13%（周必健，2012）。只有通过提高生产率避免或者减缓要素边际产出下降的趋势，才能推动制造业部门进一步发展。

第二，制造业结构调整一直是我国经济工作的中心，也是促进我国生产率增长的重要手段。

改革开放 30 多年来，产业结构转型一直是我国经济工作的重心，近年来产业结构问题所带来的深层次矛盾日益凸显，结构转型的要求更加迫切。党的十八大报告明确指出："推进经济结构战略性调整是加快转变经济发展方式的主攻方向……以改善需求结构、优化产业结构、促进区域协调发展、推进城镇化为重点，着力解决制约经济持续健康发展的重大结构性问题。"制造业结构调整是我国产业结构调整的重要组成部分。外部经济环境的变化要求未来一段时间内制造业结构调整仍然是我国经济工作的重点。一是改革开放后，我国的巨额贸易顺差带来了人民币升值的压力，2005 年我国实施人民币汇率形成机制改革，截至 2013 年 9 月人民币汇率累计升值 34%。人民币升值提高了我国出口产品的国际价格。在我国制造业出口产品中机电产品占有较大的份额，由于机电产品的价格弹性大于 1，出口价格的上升带来需求量更大幅度的下降，从而导致我国出口企业的利润降低。一项研究表明，人民币短期升值 3%，我国的手机、家电等出口企业的利润率将下降 30% ~ 50%（唐志良、刘建江；2012）。二是目前全世界范围内面临着以能源生态化和制造数字化为核心，以互联网、新材料和新能源为特征的新产业革命。欧洲和美国相继实施"再工业化"战略对其制造业价值链和产业链进行重组，以占据新兴产业制高点，培育未来经济增长点。可以说，未来很长一段时间内，制造业结构调整依然是我国经济工作的重心。

尽管通过结构调整促进生产率增长已经成为我国经济工作的基本思路，我国政府也采取多种措施推进制造业结构调整，但效果均不理想。例如，2010 年中央政府出台了《国务院关于加快培育和发展战略性新兴产业的决定》，这一举措旨在促进新能源、新材料等产业的快速发展，以此推动我国制造业结构调整，提升制造业部门竞争力。尽管该项政策的实施在一定程度上促进了新兴产业的发展，然而，其发展依然是建立在依赖要素投入的基础上，技术创新相对薄弱，更重要的是，指向新兴产业的结构变动并没有显著改善制造业部门的增长质量。因此，需要深入研究如何通过制造业结构调整最大限度地促进部门生产率增长，具体实施过程中政策着力点是什么。本书通过研究我国制造业结构变动对部门生产率的作用，并分析不同因素在这一过程中的贡献，为制定未来制造业结构调整政策提供依据，准确识别政策措施的着力点。

二 研究意义

(一) 理论意义

第一，丰富了产业结构变动的研究。经过 30 多年的发展，我国已经进入了新的经济发展阶段，产业结构转变成为经济增长的动力。制造业结构调整问题是我国产业结构调整的重点，然而研究结构调整的文献更多地关注三次产业结构调整，较少涉及制造业结构调整。将制造业结构变动作为研究对象，能够将研究的触角深入更为细分的行业，有利于更好地把握制造业结构变动规律及其影响因素。同时，对中国特定经济背景下制造业结构变动的研究，能够发现特殊发展变化规律，丰富结构变动的研究成果。

第二，检验现有结构变动理论对发展中转型国家的适用性。新古典经济增长理论认为消费需求和技术进步是影响结构变动的主要因素。而演化经济学理论则更强调技术进步在结构调整中的作用。新结构经济学则认为发展中国家和发达国家结构调整诱因存在差异，要素禀赋结构的变化是推动发展中国家结构调整的主要力量。现有文献并未依据我国结构调整的事实检验这些观点。本书尝试结合我国制造业结构调整的情况进行实证分析，以发现影响我国制造业结构变动的重要因素。

第三，深化了制造业结构变动生产率效应的研究。已有文献更倾向于实证研究结构变动的生产率效应是否显著，但是在得出结论之后，往往缺乏进一步的解释。本书在衡量我国制造业结构变动生产率效应的基础上，分析不同因素在这一过程中的贡献，进一步解析结构变动的生产率效应。

(二) 现实意义

一是有利于制定合理的制造业结构调整战略。在我国制造业结构调整过程中，往往将结构调整作为经济工作的目的而非手段，忽略了结构调整只是提高制造业生产率和竞争力的手段。在这种认识的基础上，经常以发达国家制造业结构为调整目标，企图依靠政府的行政力量或者直接投资，短期内推动某一行业迅速增长，结果往往适得其反。本书将制造业结构变动与部门生产率增长结合起来，以生产率增长为出发点，准确定位未来我国制造业结构调整战略的着力点，提高政策措施的针对性和有效性。

二是有利于区域制造业结构协同调整。我国区域间经济发展水平、技术积累状况等方面的非均质性决定了制造业结构调整方向的差异。然而，现实情况是各个省份不顾自身条件，片面追求高新技术产业、战略性新兴产业发展。本书研究了结构变动的生产率效应中不同因素的贡献，尤其分析了快速技术进步行业的结构变动促进部门生产率增长的渠道。由此，为区域间分工合作和协同发展提供经验性证据。

第二节　研究思路与框架

一　研究思路

本书的研究思路如下。首先，阐述选题背景和研究价值，提出研究问题；其次，在理论回顾与文献综述的基础上，按照理论分析（制造业结构调整的内涵和一般趋势、影响制造业结构变动的因素、制造业结构变动促进生产率增长的机制），实证分析（我国制造业结构变动的生产率效应以及不同因素在这一过程中的贡献），以及解决问题（制造业结构调整的政策导向以及具体措施）的逻辑思路，展开对中国制造业结构变动生产率效应的研究。

本书的主要研究思路可以用图 1 - 1 来描述。

首先，"提出问题"。从我国经济发展中出现的能源以及生态环

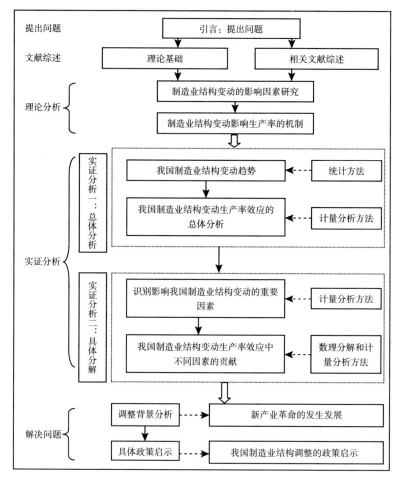

图 1 - 1 研究思路与逻辑框架

资料来源：作者整理。

境约束、要素供给条件变化、外部经济环境转变等几个方面提出制造业结构调整促进生产率发展已成为实现经济持续增长的客观要求。另外，通过对现有文献的梳理和回顾将研究问题具体化，也即本书试图从实证角度研究改革开放以来我国制造业结构变动对部门生产率的促进作用，并进一步分析不同因素在这一过程中的贡献。

其次，"理论分析"。制造业结构变动本质上是随着经济环境改变，各种要素（土地、劳动和资本）进入和退出某些行业的动态过程。基于以上认识，本书根据新古典经济学、发展经济学结构主义以及新结构经济学的相关理论，研究制造业结构变动的理论机理，并在此基础上进一步分析制造业结构变动影响部门生产率的经济机制。

再次，"实证分析"。实证分析分为两大部分。第一部分分析的目的是从总体上说明我国制造业结构变动对部门生产率增长的作用，具体而言包含两个层次的内容：第一，改革开放以来我国制造业结构变动的状况，只有存在制造业内部显著的结构变动，才能在此基础上计算其生产率增长的效应；第二，我国制造业部门结构变动生产率效应的具体衡量。第二部分实证分析的目的是衡量我国制造业结构变动的生产率效应中不同因素的贡献，首先识别引起我国制造业结构变动的重要因素，其次分析这些因素在结构变动生产率效应中的贡献。

最后，"解决问题"。这一部分主要说明两个问题：一是分析未来我国制造业结构调整的背景，最主要的背景就是新产业革命的发生和发展；二是结合实证分析结论以及新产业革命背景提出我国制造业结构调整的政策启示。

二 基本内容

第一章，引言。阐述选题背景，提出问题，同时说明研究意义，在此基础上系统介绍研究思路、研究方法和可能的创新点。

第二章，理论回顾与文献综述。对国外经典的结构变动理论进行全面梳理，对国内外学者的研究现状进行述评。通过对国内外相关文献的分析与述评，为本书的研究方向和研究重点提供相应的文献基础。

第三章，制造业结构变动及其生产率效应的一般理论分析。首先，具体界定制造业结构变动，并说明制造业结构变动的一般规律；其次，从技术进步、消费需求、要素禀赋以及制度供给等方面分析制造业结构变动的影响因素。另外,在此基础上解释结构变动促进部门生产率增长的机制:产业间要素流动机制、产业内部的分工深化机制以及企业效率提升机制。

第四章,中国制造业结构变动及其生产率效应的实证分析。首先,分别基于投入产出关系和要素密集度对制造业行业进行分类,从统计上描述我国制造业结构调整的方向和状况;其次,采用随机前沿生产函数法,从总体上衡量改革开放以来我国制造业结构变动对部门生产率增长的贡献。

第五章,主要研究改革开放以来我国制造业结构变动的生产率效应中不同因素的贡献。首先,在第三章理论分析的基础上,利用计量方法研究改革开放以来影响我国制造业结构变动的重要因素。其次,在识别出重要影响因素的基础上,分析结构变动的生产率效应中这些因素的贡献。

第六章,结合经济发展的现实背景,说明未来我国制造业结构调整过程中的政策建议。前五章的理论和实证分析为未来我国制造业结构调整提供相应的理论和政策依据,而新产业革命是未来制造业结构调整的重要背景。本章在前文研究的基础上,再结合新产业革命发生发展的特点,阐述未来我国制造业结构调整的政策导向。

第七章,结论以及未来研究展望。

第三节　研究方法与创新点

一　主要研究方法

制造业结构调整问题涉及发展经济学、产业经济学、演化经济学等多学科内容,本书在研究过程中综合运用这些学科的一般研究方法,除此之外还将采用以下具体的研究方法。

第一,还原论和整体论相结合的分析方法。本书在分析制造业结构调整问题过程中运用了个体层面的还原论与总体层面的整体论相结合的分析方法。将制造业结构变动还原为两位数细分行业增长速度的差异，从单个产业入手考察哪些因素影响单个产业的发展速度，进而导致整体上制造业结构发生改变。在考察制造业结构变动对部门生产率的促进作用时，主要采用整体论的研究方法，将整个制造业作为一个整体，研究整体的结构变动对部门生产率变动的影响。

第二，定性分析和定量分析相结合的方法。理论部分的分析需要严密的逻辑、清晰的表述，为了达到这一目标，本书在分析影响制造业结构变动的因素以及结构变动的生产率效应时，先根据相关经济理论进行定性分析，在此基础上利用数理经济学的方法构建模型进行说明。在实证分析部分采用统计以及计量回归等定量方法进行研究。在考察制造业结构变动趋势的研究中主要采用统计描述的方法。另外，在实证分析改革开放以来影响我国制造业结构变动的因素时，利用行业面板数据进行计量回归。在测度制造业结构变动对生产率增长的促进作用时也采用了相应的数理分解及动态面板等定量方法。

第三，历史分析和逻辑推理相结合的方法。制造业结构变动与部门生产率增长之间的关系是随时间变化的动态过程。因此，无论是关于影响机制的理论分析还是基于我国数据的实证分析，都需要在历史发展的动态过程中予以考察，根据历史动态演变过程研究制造业结构变动的生产率效应。然而，对于我国这样一个转型的发展中大国而言，影响制造业结构变动的因素不断发生变化，结构变动的生产率效应也相应呈现不同的状况，在历史分析的基础上还需要通过逻辑推理解释实证研究的结果，从而得出合理的结论。

二　可能的创新点

相比较已有研究，本书的创新体现在以下几个方面。

一是识别了影响我国制造业结构变动的重要因素。不同流派的经济理论强调不同因素对制造业结构变动的影响：新古典经济增长理论认为消费需求和技术进步是影响结构变动的主要因素；演化经济学理论则更强调突破性技术进步在结构变动中的作用；新结构经济学则认为发展中国家和发达国家结构调整诱因存在差异，发达国家处于技术发展的前沿，技术进步是推动其结构变动的主要力量，而发展中国家处于追赶阶段，要素禀赋结构的变化是推动其结构调整的主要力量。然而，在一定的经济发展阶段和特定经济发展环境下，这些因素对制造业结构变动的影响程度有所差异，尤其是对我国这样一个处于转型阶段的发展中国家而言，消费需求、技术进步、市场化水平等因素在改革开放以来均发生较大变化，识别不同时间区间内影响我国制造业结构变动的主导性因素，一方面为进一步分析制造业结构变动的生产率效应中不同因素的贡献奠定基础，另一方面也有助于深化对制造业结构变动的理解。

二是深入分析了制造业结构变动的生产率效应中不同因素的贡献。理论经济学的研究强调结构变动对经济增长的重要作用，在此基础上相关文献进行了关于结构变动的经验性研究，这些研究要么集中于结构变动对整体经济增长的作用，要么分析结构变动对部门生产率的贡献。这些经验性研究深化了我们对结构变动的理解和把握，同时也提出了进一步研究的方向。在这些研究中，结构变动推进部门生产率增长或整体经济增长的过程被视为"内部黑箱"。本书在衡量我国制造业结构变动生产率效应的基础上，分析市场化改革、技术进步等因素在这一过程中的贡献，通过时间序列的比较发现其贡献的变化趋势。结合相关理论分析，总结结构变动生产率效应中这些因素发挥作用的特点，以期打开制造业结构变动促进部门生产率增长的"内部黑箱"，深入理解制造业结构变动的生产率增长效应。

三是进一步研究了制造业结构变动的生产率增长效应中技术进

步发挥作用的机制。某一制造业细分行业的技术进步一方面能够通过该行业自身比重的增加带动制造业部门生产率增长；另一方面还通过对其他行业的溢出效应等，促进其他行业生产率增长，进而带动制造业部门生产率增加。发挥作用的机制不同，意味着政策导向以及制造业结构调整的着力点存在差异。本书阐明制造业结构变动的生产率效应中技术进步发挥作用的渠道，并基于我国制造业的相关数据进行了实证分析。这一分析有利于深入把握制造业结构变动的生产率效应中技术进步发挥作用的机制，从而为未来我国制造业结构调整的方向提供经验性证据。

第二章　理论回顾与文献综述

本书的研究任务是考察改革开放后制造业结构变动对部门生产率的促进作用，并分析不同因素在这一过程中的贡献。在梳理文献时，首先，简要回顾产业结构变动的基本规律，并对影响结构变动的因素进行系统梳理，为本书识别影响我国制造业结构变动的重要因素提供借鉴；其次，综述产业结构变动生产率效应的研究，明确现有研究的进展与不足，在借鉴其研究经验的基础上发现本书研究的方向。有关产业结构变动的文献可以区分为对三次产业结构变动的研究和制造业内部结构变动的研究，这两种研究之间有着研究思想和研究方法上的相通之处，因此在综述制造业结构变动文献的同时也回顾了有关三次产业结构变动的文献。

第一节　基本理论回顾

把握产业结构变动的规律是研究产业结构变动的起点。由于经典经济理论往往具有较强的普适性，本节首先回顾了研究产业结构变动规律的经典理论，其次归纳总结了结构变动影响因素理论。

一　产业结构变化规律的理论回顾

早期研究产业结构变动的文献主要是对不同国家经济增长过程中产业结构变动事实进行归纳。最早关于产业结构发展规律的理论是配第—克拉克定理。克拉克于 1940 年在《经济进步的条件》一书中将整个经济划分为三次产业，农业是第一产业，工业是第二产业，其余归为第三产业。在此基础上他发现，随着经济发展水平的提高，劳动力首先从第一产业向第二产业转移，当经济发展水平进一步提高时，劳动力从第二产业向第三产业转移，最终第二产业和第三产业的劳动力就业比重大幅度提高，这一规律就是配第—克拉克定理。克拉克认为三次产业比重变动的原因在于随着人均收入水平的提高，对农业的需求逐渐减小，对工业制成品的需求先增加后下降，然而对服务产品的需求不断上升。

在克拉克研究的基础上，美国经济学家库兹涅茨（1959）研究了多个国家的劳动力在三次产业间的分布以及变化趋势，其研究结果进一步证明了克拉克提出的规律。库兹涅茨认为劳动力在三次产业之间有规律的转移趋势在"最近几十年尤为明显"，从而结构转变是现代经济增长的特征。库兹涅茨认为经济发展过程中三次产业结构变动的原因来自三个方面：一是不同部门技术进步的差异；二是不同部门之间需求收入弹性的差异；三是对外贸易过程中比较优势的差异。库兹涅茨的研究强调结构变动对于经济增长的作用。库兹涅茨不仅研究了三次产业结构变动规律，还深入研究了制造业内部的结构变动。他考察了 19 世纪末期到 20 世纪初期瑞典和美国制造业部门结构变动的趋势。在研究期间内，美国和瑞典制造业结构变动趋势非常相似，纺织、食品、皮革制品以及林产品等消费品生产行业的比重呈现明显下降趋势，而造纸和印刷、石油化工以及金属制品等重化工业的比重明显上升。

德国经济学家霍夫曼（Hoffmann）1931 年提出了工业部门结构变动的规律。他将工业部门分为消费资料工业和资本资料工业，通过统计分析发现消费资料工业净产值与资本资料工业净产值之比（霍夫曼比例）随着工业化进程的加深而逐步下降。根据霍夫曼的界定，在工业化第一阶段该比例为 5，在工业化第二阶段该比例为

2.5，在工业化的第三阶段该比例为1，在工业化的第四阶段该比例小于1。霍夫曼还详细计算了不同国家的霍夫曼比例。在20世纪20年代，根据霍夫曼比例的不同数值，巴西、智利等国处于工业化第一阶段，日本、荷兰等国处于工业化第二阶段，英国、美国等处于工业化第三阶段。这一结论并没有得到经济学家们的一致认可，对霍夫曼研究的质疑主要集中于以下两个方面，一是库兹涅茨的经验研究发现资本形成占国民生产总值的比重是比较稳定的，二是霍夫曼对消费资料和资本资料的划分不科学，一些行业的产品既可能是消费资料，也可能是资本资料。

钱纳里（1956）对100多个经济发展水平不同的国家进行分类，研究不同类别的国家在经济发展过程中结构变动的情况，最终得出了结构变动的标准化形式。钱纳里（1989）进一步研究了发展中国家的结构变动，着重分析了一些新兴工业化国家的结构变动趋势。根据钱纳里的研究，工业化过程中工业份额增加的原因包括：国内需求的变动、中间产品使用量的增加、比较优势的变动。在理论分析的基础上他利用发展中国家的数据进行经验性验证，结果发现国内需求变动促进了工业份额的上升，但是中间产品使用量的增加发挥了更大、更显著的作用；另外，国家发展战略明显影响了产业结构变动，与进口替代相比，出口导向型的政策更易于促进产业结构的转变。钱纳里还考察了制造业内部不同行业的结构变动，指出制造业内部结构变动的原因在于行业之间的技术经济联系，除此之外，还受到人均国内生产总值、投资比例以及需求规模的影响。钱纳里考察了日本、韩国、土耳其以及南斯拉夫经济快速增长阶段制造业内部结构的变化。为方便研究，他将制造业行业分为四类：消费品、轻工业中间产品、重工业中间产品和投资品。这四个国家的制造业结构变动呈现相似的模式：投资品工业增长最快，其次是重工业中间产品部门，接着是轻工业部门。

二 影响产业结构变动因素的理论回顾

尽管 20 世纪 50 年代才开始探讨影响结构变动的因素，但是早期经济理论就已经隐含了对结构变动问题的思考。无论是现代的研究还是早期的经典理论，都将影响结构变动的因素分为两大类：供给因素和需求因素。具体而言，影响产业结构变动的供给因素包括自然资源、要素禀赋、人口结构、技术水平，环境承载能力、外商直接投资等；影响产业结构变动的需求因素包括消费、投资、国际贸易等。不同的研究强调不同因素在产业结构调整过程中的主导作用。本书根据研究角度的差异将这些文献分为五大类：从分工的角度研究结构变动、从区位的角度研究结构变动、从技术进步的角度研究结构变动、从偏好的角度研究结构变动、从其他方面研究结构变动。

（一）分工与产业结构变动

对分工的研究最早可以追溯到古希腊时期。柏拉图论述了社会分工，认为不同个体之间存在差异，适合不同的工作。斯密（Smith）1776 年系统研究了分工问题，认为分工是对劳动生产率最大的增进，是社会财富增长的源泉。斯密进一步说明了分工的原因以及分工的限制条件。在斯密看来，分工的原因并非人们天赋的差异，而是人们不同的交易倾向。交易倾向使不同的人从事不同的职业，这种专业化进一步强化了人们从事某一职业的能力。关于分工的限制条件，斯密认为分工受到市场范围的限制。这一论断实际上说明产业发展过程中需求的作用。李嘉图在斯密的基础上对分工进行研究，他认为分工产生于外生比较优势。这和斯密根本不同，斯密认为分工产生了技术水平的差异，而李嘉图认为外生的技术水平差异产生了分工。

Young（1928）对分工的研究引人注目。Young 认为在现代生产过程中迂回式生产和中间产品规模的膨胀，是分工进一步深化的明显表现。这一点和斯密明显不同，斯密认为分工本身受到外部市场规模的限制，而 Young 认为分工深化和市场规模扩张是同步的。他更倾向于从分工本身寻找分工发展的原因，认为不同产业间基于技术经济联系产生的中间产品需求是推动分工发展的动力。根据 Young 的观点，随着经济的发展，社会生产过程越来越"迂回化"，这种迂回化生产导致了社会中新兴行业和部门的出现与发展，这也就是产业结构演进。在对不同国家工业化进程的研究中，钱纳里发现中间需求是带动工业比重上升最重要的原因，可以说这一发现验证了 Young 的分工理论。

20 世纪 90 年代，杨小凯、黄有光提出了以分工为研究核心的新兴古典经济学。新兴古典经济学通过比较分工所带来的专业化收益以及由此产生的交易费用说明限制分工发展的因素。根据这一理论，随着交易效率的提高，分工所带来的交易费用降低，分工所带来的收益大于其产生的交易费用，分工得以进一步发展，生产活动越来越复杂多样，新兴行业不断出现，社会产业结构也随之调整。Becker 和 Murphy（1992）构建关于分工的内生增长模型，分析协调成本对分工发展的影响。尽管与新兴古典经济学的研究方法有所不同，但其结论较为近似。Becker 和 Murphy 也认为一方面分工能够产生专业化经济；但是另一方面，分工的发展水平不仅受到市场容量的限制，还受到经济活动协调成本以及社会知识存量的限制。

（二）区位与产业结构变动

区位因素对产业结构变动的影响，主要体现为不同区域的自然地理条件、资源禀赋、人口状况、环境条件等供给因素对产业结构变动的影响。不同的产业特点适应不同的区域，古典区位理论最早研究了区位地理条件对产业结构的影响。杜能（Thunen）农业区位论的中心思想就是农业土地经营方式的分布随距离市场的远近而变化。通过分析，杜能（1986）认为以城市为中心，出现六个呈同心环分布的农业圈层：自由农作圈、林业圈、谷物轮作圈、谷草轮作圈、三圃式轮作圈和畜牧圈。杜能的理论说明了地理位置对农业产业结构的影响。古典区位理论的另一位经济学家韦伯则说明了地理位置对工业产业结构的影响。韦伯理论的中心思想是区位因子决定生产区位。经过反复筛选，韦伯确定了三个决定工业区位的因子：运费、劳动力、集聚。韦伯认为合理的工业区位应该位于综合考虑三个因子时生产费用最小的地方。

杜能和韦伯的理论均是从供给的角度研究地理位置、运输成本对产业结构的影响。20世纪90年代出现的新经济地理理论在规模报酬递增的框架下将运输成本和需求结合起来讨论不同区域的产业分工问题。在进行理论分析的基础上，Krugman（1991）提出关于产业空间分布的假说：产业的空间布局一方面表现为地区专业化水平的提高，另一方面表现为经济活动在地理上的集中。不少学者针对这一理论进行实证检验。Kim（1995）研究了美国不同区域制造业的专业化状况，发现规模报酬递增能够解释产业在空间上的不断集中，但是某一区域专业化于哪些产业发展则是由当地的资源禀赋所决定的。Brülhart等（1996）、Amiti（1998）对欧盟地区专业化进行了研究。Brülhart和Torstensson的研究支持了欧盟经济一体化和空间集聚程度之间的U形关系。Amiti则发现在欧盟的不同国家呈现出不同的专业化情况，比利时、丹麦等国专业化水平上升，而法国、英国等专业化水平下降。另外，王业强（2009）依据Krugman的理论考察了我国工业的空间分布以及在这一过程中的结构优化问题，研究发现我国工业的空间分布呈现明显的集聚趋势，但是在空间集聚过程中并没有同时出现产业结构的优化。该研究并没有支持Krugman所描述的产业结构与空间结构同时优化的结论。

除了从地理位置、运输成本角度研究区位对产业结构的影响之外，还有一些理论研究区位要素禀赋对产业结构的影响。赫克歇尔和俄林最早研究了要素禀赋对产业结构的影响（H－O 理论），认为国家之间的要素禀赋差异是国际贸易产生的原因。这一理论实际上是李嘉图比较优势理论的补充，李嘉图的比较优势理论强调外生的技术比较优势产生国家或者区域之间的分工，而 H－O 理论认为即便不存在李嘉图所说的技术比较优势，不同国家之间外生的要素禀赋差异也会带来国家间的分工，不同国家专业化于不同产业的经济活动，从而带来国家之间产业结构的差异。一个国家劳动与资本的比例高于另外一个国家，则出口劳动力密集型产品，进口资本密集型产品，这种产品交易的背后实际上是要素交换。H－O 模型通常用于说明开放经济环境下，一国产业结构的变动。后来的一些文献在 H－O 模型的基础上进行了推进性的研究。这些研究分为两类，一类文献倾向于说明 H－O 模型成立的条件，另一类倾向于说明封闭经济情况下要素禀赋对产业结构的决定作用。Cheng（2000）指出 H－O 模型只在两个国家、两种产品、两种要素、两国有相同的 C－D 生产函数和效用函数时成立。如果上述条件不成立，就会发生同一产品要素密集度的逆转，从而推翻 H－O 模型的结论。Ju（2009）构建了封闭经济条件下的一般均衡增长模型，同时允许市场对无穷多个具有不同资本密集度的产业做出选择。研究结果表明，即使不存在 H－O 模型所依赖的国际专业化分工机制，经济中产业结构演变呈现出从劳动密集型逐渐升级到资本密集型的趋势。与 H－O 模型不同，Ju（2009）的研究更侧重于说明要素禀赋结构决定了一国的产业结构，要素禀赋结构的变化带来产业结构的变动，并且在 Ju（2009）的研究中要素禀赋内生于整个经济增长过程。

（三）技术进步与产业结构变动

里昂惕夫的投入产出方法是分析技术进步对产业结构影响的起点。之后，发展经济学家罗斯托用这一理论解释经济增长过程中的结构变动。随着数学建模的发展，新古典经济学的经济增长理论通过建立多部门经济增长模型，进一步研究技术进步对结构变动的影响。

20 世纪 30 年代，里昂惕夫构建了投入产出分析，并且利用 1919 年和 1929 年美国统计资料编制了美国的投入产出表。在投入产出表中，投入品数量和产出数量之间的比例关系由技术水平决定，而不同行业用于最终消费的比例则由当地居民的生活习惯或者偏好、制度等决定。因此，在技术、偏好发生改变的背景下，不同行业之间的投入产出关系就会发生变动，社会产业结构随之调整。

在里昂惕夫投入产出研究的基础上，罗斯托（1988）依据技术标准，将经济成长分为六个阶段，不同阶段对应不同的主导产业。罗斯托认为技术水平的变化带来了主导产业的更替，这不仅改变了社会生活，同时也带动了经济增长。罗斯托强调结构变动在经济增长过程中的推动性作用。

在新古典经济学早期的经济增长理论中，并不重视结构调整问题，也不曾涉及技术进步对结构变动的影响。例如，哈罗德—多马经济增长模型以及索洛经济增长模型均没有涉及结构问题，其模型中只有一个经济部门。后来 Srinivasan（1964）、Ryder（1969）均构建了两部门分析模型说明经济增长问题，但是这些模型的主要目的并非描述经济增长过程的结构变动，而是在两部门框架内探讨经济增长的稳态特征。

2000 年之后，新古典经济学经济增长理论开始关注由技术进步差异引起的产业结构变动。Ngai 和 Pissarides（2004）构建了一个包含结构变动的经济增长模型。在该模型中，技术进步率的差异带来部门间不同的经济增长速度，从而导致经济中产业结构的变动。为了更为清晰地分离出技术进步差异对结构变动的影响，他们将效用函数设定为固定替代弹性生产函数，各种消费品在效用函数中的作用是对称的，这就排除了偏好和需求的收入弹性差异对结构变动的影响。另外，不同行业要素密集度也对结构变动产生影响，为了排除这一影响，他们假设每一行业的生产过程中使用相同的资本份额。

在排除了偏好和要素密集度的影响之后，他们得出结论，如果产品之间的替代弹性大于1，那么技术进步快的生产部门在经济中占有较大比重，而技术进步速度慢的部门比重减小，要素从技术进步慢的部门流入技术进步快的部门；如果产品之间的替代弹性小于1，则要素会从技术进步快的部门流入技术进步慢的部门，最终技术进步慢的部门比重增加。在理论分析的基础上，他们还利用英国和美国的数据进行实证分析，以验证理论分析的结论。

Acemoglu 和 Guerrieri（2008）进一步推进了 Ngai 和 Pissarides（2004）的研究。Acemoglu 和 Guerrieri 构建了内生增长模型，同时考虑了不同部门资本密集度和技术进步差异性，解释经济增长和结构变动。模型中的生产函数采用如下形式：

$$Y = \left[\gamma \left(M_H^{\frac{1}{v-1}} H^\eta K_H^{1-\eta} \right)^{\frac{\varepsilon-1}{\varepsilon}} + (1-\gamma) \left(M^{\frac{1}{v-1}} L^\alpha K^{1-\alpha} \right)^{\frac{\varepsilon-1}{\varepsilon}} \right]^{\frac{\varepsilon}{\varepsilon-1}}$$

这里 η 和 α 分别决定了两个部门的资本密集度。模型显示由于两部门资本密集度不同，产出和技术进步速度也不同，最终资本密集度大的部门技术进步速度比较快，产出迅速增长，在经济中的比重增加。

另外，Kylymnyuk（2007）从部门技术进步差异性的角度，在动态一般均衡的框架下构建了包含多部门的不平衡增长模型。该模型研究了三个部门：农业、工业和服务业部门，其中农业部门使用规模报酬不变的技术，而工业和服务业部门均使用规模报酬递增的技术。在这种情况下，最终模型存在两个稳态均衡，一个是经济中只存在农业部门，另一个是三个部门同时存在，不过各自在经济中的比重呈现不同的变化，农业部门的比重逐渐减小，工业和服务业部门的比重逐渐增加。该模型的结论很好地吻合了经济增长中的库兹涅茨事实。

（四）偏好与产业结构变动

偏好对结构变动的影响，实际是需求收入弹性的差异引起不同行业比重的变化。19世纪德国统计学家恩格尔发现随着收入水平的增加，人们对不同产品需求的变动存在差异。他发现收入上升时，食品支出比例下降，而住房和服装的支出比例大致保持不变，其他商品的支出比例递增。克拉克和库兹涅茨均从需求收入弹性的角度解释三次产业变动。钱纳里利用计量模型分析引起结构变动的因素，他将整个经济分为三个部门：初级产品部门、制造业部门和非贸易部门，通过分析多个发展中国家的数据发现，初级产品部门份额的下降主要来自国内需求的减少和净出口的下降，因此可以说需求收入弹性决定了初级部门的结构变动趋势。但是对制造业的研究有着不同的结论，钱纳里认为恩格尔效应并不是引起制造业比重增加的最重要原因，生产迂回化所带来的中间需求增加在很大程度上解释了制造业比重上升。不过钱纳里的研究更多的是经验型分析，没有从理论角度进行说明。

Echevarria（1997）基于索洛的经济增长理论构建了一个动态一般均衡模型，模型中包括三个生产消费品的部门，每个部门的生产过程有着不同的要素密集度以及不同的外生技术进步率，另外，模型假设了非位似偏好。此时模型中经济结构的变动主要由非位似偏好所驱动。由于不同部门具有不同的外生技术进步率，所以经济中产业结构状况会影响整个经济增长水平。该模型说明随着收入增长，需求收入弹性差异成为产业结构变动的驱动力，从而带动整个经济增长。在这种需求驱动结构演变的经济体中，最终的均衡状态符合卡尔多事实和库兹涅茨事实。Kongsamut等（2001）、Foellmi等（2008）将不同收入水平下偏好的差异作为结构变动的驱动力，分析经济增长过程。Kongsamut等（2001）假设农产品、工业品和服务的需求收入弹性分别小于1、等于1、大于1，并且设定农产品最低必要消费量以及服务的自我供给量。随着经济增长，三种产品的边际效用不成比例变化，这就带来了边际替代率的改变。产品之间边际替代率的改变导致对各种产品的需求量呈现不平衡的变化，在均衡状态下，供给结构最终适应需求结构的变动，产业结构发生改变。但是 Kongsamut 模型中的均衡并不是稳态均衡，只有当总产出保持常数增长率，同时技术进步率保持不变时，才能出现这种结构变迁。因此，该模型并没能很好地与卡尔多事实相吻合，这就导致 Kongsamut 认为平衡增长过程和结构变迁是不相容的。

Foellmi 和 Zweimuller（2008）也强调了需求方面的变动在产业结构演化中的作用。他们根据恩格尔定律区分不同消费品的偏好，同时引入新产品的出现。新产品出现的初期具有奢侈品的性质，拥有较高的需求收入弹性，随着更新产品的出现，原有新产品逐渐变为必需品，拥有较低的需求收入弹性。他们的模型很好地说明了经济增长和结构调整的相互影响，同时模型的结果与卡尔多事实保持一致。

陈晓光、龚六堂（2005）构建了工业化模型和城市化模型来说明经济增长过程中的结构变动和卡尔多事实。工业化模型和城市化模型来源于一个共同的基本模型，在基本模型中经济结构的变化来源于需求收入弹性的差异。其中，工业化模型能够很好地模拟卡尔多事实，模型进入稳态均衡时，农业就业比重减小到 0，制造业和服务业的就业比重为常数。该模型假设了外生的经济增长率，从而该模型并没有探讨结构变动对经济增长的影响，仅说明了经济增长过程中的三次产业结构变动趋势。

（五）其他因素对产业结构变动的影响

除了从上述四个方面研究产业结构变动，还有一些经济学家分析了要素配置成本和制度对产业结构变动的影响。

产业结构变动本质上是要素在不同产业间的流动，要素在不同部门之间的重新配置存在一定的配置成本。然而，无论是发展经济学结构主义，还是新古典框架下对结构变动的研究，大都假设了要素在不同部门和行业间的自由流动。实际上，要素在不同部门间再配置的成本也影响经济增长速度和结构调整状况。Steger（2004）构建了一个三部门模型研究存在要素再配置成本条件下的经济增长和结构变动，这三个部门分别是消费、投资和资源再配置部门。因为要素配置存在成本，要素在消费部门和投资部门间流动时，需要向要素再配置部门转移一定的资源。如果要素再配置部门的效率比较高，那么向要素再配置部门分配的资源相对较少，反之较高。Steger模型中的要素再配置部门有着丰富的政策含义。在劳动力的产业转移过程中，要素再配置部门可以看作教育或者再培训部门，因为从原有产业转向其他产业需要不同的技能和知识，而获取这种技能和知识需要一定的成本。如果社会中存在完善的职业教育体系，那么就可以降低劳动力产业转移过程中的成本，从而加速劳动力在产业间的转移。

Karp 和 Paul（2005）也考虑了存在资源配置成本情况下的结构变动及经济增长情况，他们假设经济中存在一个独立的运输部门，该部门主要是为劳动力、资本等要素在部门或行业间的转移提供服务。该研究通过假设运输部门具有外部性以及市场失灵等特点推进了 Steger（2004）的研究。在市场失灵的背景下，运输部门的低效率导致要素流动趋缓，整个产业结构变动趋于停滞，从而导致较低的经济增长绩效。

还有一些文献研究了制度对结构变动的影响。Blanchard 和 Kremer（1997）发现一些产业生产过程中需要少数几个关键的中间投入品，还有一些产业生产过程中需要广泛的中间投入品。在专业化生产背景下，购买投入品需要买卖双方的讨价还价，信息不对称带来了契约的不完全性，这容易导致谈判的无效率。在这种情况下，依赖于广泛中间投入品的产业产出迅速下降。在纯粹市场经济背景下，这种问题的解决主要依赖于诸如声誉等机制，但实际上这些机制的作用非常有限。Blanchard 和 Kremer 发现了不同产业的制度依赖性不同。

还有一些文献研究了更为具体的金融制度对产业发展的影响。Rajan 和 Zingales（1998）首先研究了金融市场对产业发展的影响，依赖外部融资的产业在金融市场高度发达的国家中具有较高的增长率，他们的研究主要讨论了制造业不同行业对金融市场的依赖。Ju 和 Wei（2005）认为一个国家的金融体系不发达，资本所有者就不愿意或者不能够按照均衡利率提供企业所希望的全部外部资本，此时金融制度改善会增加那些高度依赖外部融资的行业的产量，同时减少其他行业的产量。Rajan 和 Zingales、Ju 和 Wei 的文献虽然没有直接论述金融制度对产业结构的影响，但其文献中隐含了金融制度的差异产生不同的制造业结构。

第二节 产业结构变动对生产率影响的研究

关于产业结构变动效应的研究可以分为两大类，一些文献着重讨论产业结构变动对经济增长的影响，另一些文献侧重于研究产业结构变动对生产率的影响。由于各部门的生产率存在差异，结构调整对经济增长的影响，也是通过生产率效应来发挥作用，所以我们对这两类文献不做区分。

一 国外的研究成果

（一）工业化进程中结构变动对生产率和经济增长的影响

Lewis（1954）的二元经济理论最早讨论了发展中国家的结构转变促进经济增长的问题。发展中国家存在两个迥然不同的经济部门：传统农业部门和现代工业部门。在传统农业部门中存在大量边际产出为零的剩余劳动力，工业化初期这种剩余劳动力具有"无限供给"的性质。此时，工业化过程也就表现为现代工业部门不断吸收传统农业部门的剩余劳动力，并且将由此产生的利润进一步投入工业部门。在这一过程中伴随着工业部门就业比重的明显上升,农业部门就业比重出现下降趋势,这种结构变化带来整个社会生产率的提高,推动发展中国家的经济增长。Lewis 进一步指出随着经济水平的提高,传统农业部门的剩余劳动力不再具有"无限供给"的性质,此时就需要从传统经济增长方式转变为现代经济增长方式。

Denison(1974)根据索洛的新古典经济增长模型对经济增长进行核算,将经济增长的来源分为两个部分,一个是要素投入增加带来经济增长,另一个是全要素生产率增加带来经济增长。同时,他指出结构变动是导致全要素生产率增加的重要因素。他研究了美国1929~1957 年的经济增长,结果发现结构变动解释了经济增长的12%。库兹涅茨(1961)分析了美国 1948~1969 年结构变动对经济增长的作用,其结论和 Denison 的结论非常接近,均认为结构变动是带动美国经济增长的因素。

Chenery(1989)对经济增长核算中的"残差"做了进一步的分解,把结构变动对全要素生产率的贡献分离出来,并用不同国家的数据进行测算。对准工业化国家的研究发现,在劳动投入和资本存量保持不变的情况下,占国内生产总值1%的资本从非工业部门转移到工业部门会带动国内生产总值增加0.5%。另外,他还进一步研究了劳动在不同产业的配置状况,结果发现不同部门之间存在劳动边际产出的较大差异。Chenery 认为市场力量并没有有效推动要素在部门间转移,出现这种状况的原因是:分割的市场对要素流动的限制、政府对投资配置的干预以及不断的技术进步等。Chenery的研究方法需要部门间的投入产出以及资本份额数据。由于在发展中国家获得这些数据存在一定的困难,从而影响了对其结构变动效应的测算。

Salter(1960)研究了英国 1900~1950 年制造业结构变动对劳动生产率的影响,该研究主要采用了偏离份额法,结果发现结构变动解释了英国 50% 的劳动生产率增长。另外,Fagerberg(2000)考察了 33 个市场经济国家 1973 ~ 1990 年制造业结构变动的生产率效应，统计分析的结果并没有发现结构变动对生产率的促进作用，进一步利用计量方法研究了 20 世纪 70 年代开始的电子革命对制造业部门生产率增长的影响。Pender（2003）利用国家间的贸易数据验证了 Fagerberg 的发现，其结论支持了电子信息行业发展对部门生产率的促进作用。

（二）后工业化社会的结构变动对生产率和经济增长的影响

随着经济发展，一些发达国家相继进入后工业化社会，以工业为主导的经济增长模式，让位于以服务业为主导的经济增长模式。Baumol（1967）最早探讨了经济结构重心转向服务业过程中，结构变动对经济增长的影响。

Baumol（1967）从技术进步差异性的角度将经济分为两个部门，一是停滞部门，劳动是唯一投入要素，服务是其最终产出，不存在技术进步；另一个是进步部门，使用资本和新技术，有着常数技术进步率。另外假设要素在两个部门之间完全自由流动，因此进步部门所引起的要素价格变动将会影响落后部门。在这些假设条件下，如果落后部门产品需求收入弹性比较大，而价格弹性比较小，消费者对落后部门的产品需求随着收入的增加而增加，最终导致落后部门吸收更多的要素扩大生产规模，以满足日益增加的需求。相反，如果落后部门产品需求收入弹性小同时价格弹性比较大，那么最终要素流向进步部门，落后部门消失。具体到服务业部门和制造业部门而言，由于对服务的需求收入弹性比较大，同时价格弹性比较低，因此，随着经济发展，服务业吸收更多要素，从而整个经济的生产率水平下降，经济增长处于停滞状态，这就是"鲍莫尔成本病"。这一概念强调了后工业社会产业结构的变动降低了生产率和经济增长速度。

在理论研究的基础上，富克斯（1968）、Baumol（1985）基于美国数据讨论了服务业就业比重上升和经济增长之间的关系，其结果均支持"成本病"的存在。其后的研究集中于两个方面。一是通过增加一些假设，利用模型解释"成本病"问题并不存在，服务业比重上升能够促进整个经济生产率的增长；二是从实证角度检验"成本病"是否存在。Oulton（2001）、Guerrieri 等（2005）、Kox 和 Rubalcaba（2007）、Bogliacino 等（2013）等修改了 Baumol（1967）模型中服务业产出只是消费品的假设，考虑了服务业产出可以作为中间投入品的事实，构建模型说明服务业比重上升能够促进人均国内生产总值的增长。Pugno（2006）、De Vincent（2007）等认为服务业消费的增加能够促进人力资本的积累，这种影响相对较大时，服务业比重的上升不会降低人均国内生产总值。另外，还有一些文献实证检验服务业比重上升对经济增长或生产率增长的作用，然而结论存在显著差异（Maroto-Sanchez，2010；Fernandez & Palazuelos，2012）。其原因有二，一是和制造业不同，服务业生产率难以准确衡量，二是不同服务业细分行业之间存在较强的异质性，其比重上升对整体经济的影响存在差异。

（三）东亚经济增长奇迹引发的结构变动生产率效应的研究

20 世纪 90 年代之后，一些经济学家质疑东亚国家经济增长的奇迹。根据内生经济增长理论，全要素生产率的提高是经济持续增长的源泉。这些经济学家认为东亚国家的经济增长更多地依靠要素投入而非生产率增长，因此是不可持续的。还有一些经济学家认为研究东亚国家的经济增长，不能忽略东亚国家经济增长阶段，利用单一部门的经济增长理论不能够说明这一过程中产业结构变动对经济增长的促进作用。他们认为即便是东亚国家的工业部门没有出现全要素生产率的显著提高，但是要素从农业部门流向工业部门带来了整个经济生产率的提高，并且实践也表明东亚国家的经济增长是可以持续的。较多的文献围绕这一问题研究了结构变动对生产率的影响。Timmer 和 Szirmai（2000）分析了亚洲国家 1963～1993 年间制造业结构变动对生产率的影响，在该项研究中作者首先使用偏离份额法考察结构变动对劳动生产率的影响，但结果并没有支持"结构红利"假说，后来作者计算考虑 Verdoorn 效应后全要素生产率的变动，但其结果也没有支持"结构红利"假说。Akkemik（2007）对新加坡 1965～2002 年全要素生产率的变化进行了研究。研究发现在 1985 年之前新加坡全要素生产率增长率非常低，1985 年之后全要素生产率增长很快，这种较快的生产率增长主要来自结构调整，尤其是资本在部门之间的重新分配。Benjamin 和 Meza（2009）研究 1997 年金融危机后韩国全要素生产率下降的原因，结果发现金融危机发生后外国直接投资的大幅度下降以及国际利率的上升导致韩国劳动力从生产率较高的工业部门回流到生产率比较低的农业部门和公共部门，从而带来了韩国生产率的下降。

（四）资源配置扭曲对生产率增长的影响

近期的一些文献考察了资源再配置对生产率的促进作用。Hayashi 和 Prescott（2006）从要素在部门间配置的角度解释日本经济增长奇迹为什么没有在战前发生，他们发现战前的日本农业制度抑制了农业劳动力向非农产业的转移，从而带来了较低的经济增长绩效。而战后劳动力在部门间自由流动带来了较高的经济增长速度。Dollar 和 Wei（2007）以中国 12400 家企业为研究对象，考察了资本错配对中国生产率和产出的影响。结果发现，保持资本存量不变，如果能够对资本进行更加有效的配置，中国的国内生产总值能够增加 5%。Aoki（2012）分析欧洲的一些国家和美国要素配置的扭曲对生产率的影响，发现扭曲的资源配置解释了这些国家 25% 的生产率差异。Vollrath（2009）将增长核算技术和二元经济模型相结合，研究了要素市场对总生产率增长的贡献，结果发现在许多发展中国家的不同部门之间边际产出有较大差异，由于许多原因，要素并没有在不同部门之间自由流动，这就造成了要素错配。据 Vollrath 的估计，这种要素错配解释了人均收入跨国差异的 30%～40%，同时解释了全要素生产率跨国差异的 80%。Hsieh 和 Klenow（2009）也从要素错配的角度研究了中国和印度资源重新配置对经济增长的效果，研究发现如果按照边际产品相等的原则对劳动和资本进行重新配置，那么中国的全要素生产率能够上升 25%～40%，印度的全要素生产率能够上升 50%。

二　国内的研究成果

郑玉歆（1993）对 20 世纪 80 年代中国制造业结构变动对生产率的影响进行分析，研究发现制造业结构变动对部门生产率的提高有一定贡献。张保法（1997）在索洛增长核算模型的基础上结合中国实际情况分解出结构效应对全要素生产率的影响。但是该文仅仅进行了理论上的分解并没有利用中国的数据进行实证研究。胡永泰（1998）、蔡昉等（2001）、潘文卿（1999）均考察了自改革开放到 20 世纪 90 年代农业部门和非农部门的结构变动对生产率的影响。其中，胡永泰（1998）发现农村剩余劳动力对全要素生产率的增长有着支撑性的贡献，并且农村剩余劳动力的产业转移促进了较高的资本积累，这也有助于促进全要素生产率的增长。蔡昉和王德文（1999）的研究表明地区劳动力市场扭曲带来的效率损失拉大了东、中、西部之间经济增长的差异。潘文卿（1999）研究了 1979～1997 年由于结构变动带来的劳动生产率增长，结果表明 1979～1997 年全社会劳动生产率年均增加 6.7%，其中劳动力从农业部门转移到非农业部门的贡献约为 23.4%。这些研究均是在经济增长核算的基础上采用统计分析方法研究结构变动的生产率效应。

吕铁（2002）根据增加值比重和劳动力比重考察了我国制造业 1980～1997 年结构变动的情况。其结果发现研究期间制造业增加值比重发生明显变化，制造业增加值年均增长 11.6%，在 26 个制造业行业中有 17 个行业增加值增长超过平均水平，这些行业主要集中在技术密集型行业，而诸如纺织、黑色金属冶炼等劳动和资本密集型行业的增长速度较慢。制造业分行业劳动力比重变动的情况和增加值变动的情况并不具有明显的一致性，首先制造业部门劳动投入的增长率比增加值增长率要低得多，并且劳动投入增加的行业大多是劳动密集型行业。在对制造业结构变动进行研究的基础上，该文献发现，我国制造业结构变动没有显示出明显的"结构红利"。

郑毓盛和李崇高（2003）利用 DEA 方法研究了我国省级技术效率、产品结构以及要素配置所带来的效率改善，结果发现 1978 年改革开放之后，各个省份的技术效率都有所提高，但是省际产出结构和省际要素配置存在明显扭曲，其中省际产出结构不合理导致的低效率在 20 世纪 80 年代中期持续上升，至 90 年代也未见改善，而省际要素配置的扭曲在 1985 年之前呈现下降趋势，在 1989 年之后呈现较高的扭曲程度。作者认为这种状况主要是地方政府分权背景下市场分割所带来的后果。该研究主要集中于省际产品结构的扭曲，并未直接讨论产业结构变动问题，但其研究思路对产业结构变动问题有一定的启发意义。

杨大楷和范飞龙（2004）考察了 1999~2001 年我国制造业结构变动的情况，发现我国制造业的资产存量、固定资产投资、工业总产值和销售收入四个指标均反映出我国制造业结构中资本技术密集型的产业占据优势地位。作者据此认为我国制造业结构已经实现了从劳动密集型向资本技术密集型的转变。作者进一步利用因子分析法研究了制造业这种结构变动趋势是否带动了制造业经济效益的提高。研究结果表明我国制造业的结构转变并没有带来经济效益的提高，相反在制造业部门中劳动密集型行业的经济效益优于资本技术密集型行业。

近年来的研究中，刘伟等（2008）、干春晖（2009）研究了改革开放后我国三次产业间的结构变动对生产率的影响。其中，刘伟等（2008）比较了我国经济增长过程中技术进步和结构变动对生产率的影响。作者认为在改革开放后，三次产业间的结构变动促进了我国生产率的提高，但是这种作用随着时间的推移对生产率增长的贡献逐渐减小，因此，作者认为在未来的经济发展中，我国经济增长更多地依赖技术进步，结构变动对生产率的促进作用已经非常有限。在该文的研究中作者忽略了引发结构变动因素的多元性，认为市场化改革是引发结构变动的唯一因素。实际上技术进步差异也会引起结构变动，在一定条件下这种结构变动带来生产率水平的提升。干春晖（2009）的研究侧重于利用传统的偏离份额法计算改革开放后劳动、资本在产业间的流动是否带来了"结构红利"，其研究结果表明劳动力在三次产业间的流动带来了明显的"结构红利"，但是资本在三次产业间的转移却呈现出"结构负利"。

另外，李小平等（2007）和张军等（2009）均研究了中国制造业结构变动的生产率效应。李小平等（2007）侧重于考虑 Verdoorn 效应，考察制造业结构变动对于生产率的促进作用，张军等（2009）则侧重于研究重工业和轻工业分组后各自的结构效应及其影响因素。这两项研究得出了完全不同的结论，李小平等（2007）的研究没有支持制造业内部"结构红利"，但张军等（2009）的研究却发现了制造业结构变动明显促进了生产率增长。

第三节　对已有研究的述评

近年来，国内外学者对产业结构变动及其生产率效应进行了广泛而深入的研究，取得了一系列研究成果。已有文献分析了分工、区位、技术进步以及偏好等因素对产业结构变动的影响以及结构变动的生产率效应。这些研究成果为本书研究影响我国制造业结构变动因素奠定了扎实的理论基础，提供了研究方法和研究思路的有益启示，同时也为本书进行更进一步的研究指明了方向。然而，需要指出的是，目前的研究还存在一些不足：一是国内外的研究文献在考察影响产业结构变动的因素时，其基本假设是纯粹的市场经济，要素在产业之间完全自由流动，但对于处在转型时期的中国而言，这种假设很难成立，因此需要结合转型国家的特点研究产业结构变动；二是现有文献更多地研究了影响三次产业结构变动的因素，而较少分析制造业内部的结构变动，缺少对我国改革开放后制造业结构变动的趋势、影响因素和未来走向等的系统且深入的分析。三是目前的研究并没有就制造业结构变动是否存在"结构红利"达成一致意见，近期研究"结构红利"的文献并没有根据得出的结论进行更深层次的原因分析。在已有研究成果的基础上，本书将针对上述不足进行深入研究，以期能够全面把握改革开放后我国制造业结构变动的历程以及未来的趋势，同时厘清影响我国制造业结构变动的因素并考察制造业结构变动对生产率增长的作用。在本书的研究中将运用统计以及计量分析方法探讨影响制造业结构变动的因素以及生产率效应，为进一步推动我国制造业结构调整提供理论支持。

第三章　制造业结构变动及其生产率效应的一般理论分析

在第二章文献综述的基础上，本章将从理论层面分析影响制造业结构变动的主要因素，说明制造业结构变动对生产率的影响机制，为本书后面几章的实证分析提供理论支撑。本章的研究思路如下：首先，说明制造业结构变动的一般规律；其次，分析消费结构、技术进步、政府制度供给以及要素禀赋等因素对制造业结构变动的影响；最后，从产业间、产业内以及单个企业三个层面分析制造业结构变动影响生产率的机制。

第一节　制造业结构变动的内涵及一般趋势

一　制造业结构变动的内涵

我国《国民经济行业分类》（2011 年版）对"制造"做了界定："经过物理变化或化学变化后成为新的产品，不论动力机械制造还是手工制作；也不论产品是批发销售，还是零售，均视为制造。"凡是符合这一定义要求的经济活动称为制造业。尽管制造业的生产过程拥有一些共同的特性，根据生产过程中投入要素、最终产出和其他技术经济差异，还可以把制造业内部经济活动进一步划分为 30个两位数制造行业。

从系统论的角度看，结构是指系统内部的构成部分及其关联性，这种关联性构架起事物运转的基本功能，不同的结构对应不同的系统功能。制造业结构就是指其内部 30 个两位数行业所占的比重及其相互之间的关系。经济发展的历史表明制造业结构不是静止不变的，而是随着经济增长不断地调整变化。我们的研究就是要把握制造业结构变动的规律及其对经济绩效的影响。

二　制造业两位数行业

《国民经济行业分类》国家标准于 1984 年首次发布，分别于 1994 年和 2002 年进行修订，2011 年第三次修订。1980～1984 年并没有制造业两位数行业，只是将工业部门进一步划分为：电力工业、燃料工业、冶金工业、金属加工业、化学工业、建筑材料、木材工业、造纸工业、纺织工业和食品工业等。我们在文中使用的两位数行业名称均是按照 2002 年修订的《国民经济行业分类》，另外，由于工艺品及其他制造业、废弃资源和废旧材料回收加工业仅有 2003 年之后的数据，并且两个行业规模比较小，因此本书只研究余下的 28 个制造业两位数行业，具体如下。

农副食品加工业，食品制造业，饮料制造业，烟草制品业，纺织业，纺织服装、鞋、帽制造业，皮革、毛皮、羽毛（绒）及其制品业，木材加工及木、竹、藤、棕、草制品业，家具制造业，造纸及纸制品业，印刷业和记录媒介的复制，文教体育用品制造业，石油加工、炼焦及核燃料加工业，化学原料及化学制品制造业，医药制造业，化学纤维制造业，橡胶制品业，塑料制品业，非金属矿物制品业，黑色金属冶炼及压延加工业，有色金属冶炼及压延加工业，金属制品业，通用设备制造业，专用设备制造业，交通运输设备制造业，电气机械及器材制造业，通信设备、计算机及其他电子设备制造业，仪器仪表及文化、办公用机械制造业。

三　制造业结构变动的一般趋势

和三次产业结构变动不同，制造业结构变动存在其自身的复杂性。这种复杂性首先来自制造业内部众多的行业门类，其次来自不同行业间密切的投入产出关系，并且随着生产迂回性的增加，这种投入产出关系日趋复杂，牵一发而动全身。因此，经济发展过程中制造业内部各行业比重的变动不像三次产业那样呈现稳定的规律。

也正是由于这一原因，只有少数文献分析了制造业内部结构变动的趋势。德国经济学家 Hoffmann（1931）提出了工业部门结构变动的规律。霍夫曼将工业部门分为消费资料工业和资本资料工业，通过统计分析发现消费资料工业净产值与资本资料工业净产值之比（霍夫曼比例）随着工业化进程的推进而逐步下降。Kuznets（1971）研究了 19 世纪末期到 20 世纪初期瑞典和美国制造业结构变动的趋势。这一时期美国和瑞典制造业结构变动趋势非常相似：纺织、食品、皮革制品以及林产品等消费品生产行业比重呈现明显下降趋势，而造纸和印刷、石油化工以及金属制品等重化工行业比重明显上升。钱纳里考察了日本、韩国、土耳其以及南斯拉夫在工业化过程中制造业内部结构变化。他发现经济增长速度和制造业结构变动速度正相关。另外，通过把制造业行业分为四类（消费品、轻工业中间产品、重工业中间产品和投资品），发现这四个国家的制造业结构变动呈现相似的模式：投资品工业增长最快，其次是重工业中间产品部门，接着是轻工业中间产品部门（钱纳里，1989）。

我们根据上述对世界不同国家制造业结构演变历程的分析，粗略归纳出制造业结构变动的大致路径：轻纺或者食品行业最先发展起来，在经济中占有主导地位；随后，钢铁、化工以及汽车行业快速发展；最终，航空航天、计算机、新材料等行业的比重快速增加。上述演变过程表明：从最终用途看，制造业结构逐渐从生产消费品行业占主导地位，过渡到中间产品、资本品行业占主导地位。从生产过程依赖要素投入来看，制造业结构逐渐从劳动密集型，过渡到资本密集型，再过渡到技术密集型。

需要指出的是，上述路径仅仅是制造业结构变动的一般趋势，是根据一些国家发展得出的经验性结论。实际上由于不同国家地理环境、要素禀赋、制度条件、技术能力等方面的差异，往往出现不同的变动趋势。例如，丹麦制造业中，食品、饮料和烟草行业一直保持比较稳定的比例，并没有随着经济发展水平的提高而下降。丹麦独特的气候环境、土地资源等自然优势，产生了这种特殊制造业结构变动状况。

第二节　制造业结构变动的主要影响因素

理论上说，制造业结构变动是企业为了追求利润最大化进行产业选择所带来的生产要素在行业间的流动。现实经济运行中这一过程受到较多因素的影响。考察结构变动的影响因素有助于更好地分析结构变动对生产率的促进作用，同时也为制定合理的产业政策提供了理论依据，因此本节从理论上分析影响制造业结构变动的主要因素。

一　消费需求

生产的最终目的是消费，因此消费需求变化是影响产业结构的重要因素。一些经济学家甚至认为，消费需求变动是引发产业结构变动的强制性力量（庄燕君，2005；崔海燕，2008）。经济发展过程中，随着收入增加，消费需求发生两个方面的改变，一是由于商品需求收入弹性的差异，有些商品的需求随着收入的增加快速上升，这就形成了消费需求结构的变化；二是随着收入水平的提高，消费需求的质量逐渐提高，这表现为对高质量、高性能产品的需求。消费需求这两方面的变化均会影响制造业结构。本小节具体分析消费需求变动影响制造业结构变动的机制。

首先，由于需求收入弹性的差异，对一些产业的需求快速增加，这就鼓励了企业投资、更新设备，兴建规模更大、效率更高的厂房等，也就是生产要素流入该行业的过程。这一过程可以通过下述模型进行说明。经济中存在两个生产消费品产业 x、y，某一企业选择进入 x 或 y 产业，其选择的依据是进入后利润最大化。x、y 产业所面临的需求不同，其中 x 产业在目前收入水平下有着更大的消费需求。假设 x、y 产业均面临线性需求函数：$P_x = \alpha_x(m_x) - \beta_x Q_x$、$P_y = \alpha_y(m_y) - \beta_y Q_y$。$x$、$y$ 产业消费需求的差异体现在市场容量 m_x 与 m_y、敏感系数 β_x 和 β_y 上。由于目前对产业 x 的产品有较大的需求，也即 $m_x > m_y$ 且 $\beta_x < \beta_y$。其余的假设还包括：第一，x、y 产业内均存在一定数量的企业，并且产业内部企业之间进行古诺竞争，即每个厂商均生产同质产品，并在假定对手产量不变的情况下根据利润最大化原则确定自己的产量，企业 j 在 i 产业 $(i = x, y)$ 的反需求函数为 $P_{ij} = \alpha_i - \beta_i \cdot \sum_{j=1}^{n} q_j$；第二，$x$ 或 y 产业生产中均有固定的边际成本 c_i，也即企业生产产品 i 的成本函数 $c_i \cdot q_i$；第三，产业 x 的产量为 Q_x，且 $Q_x = q_x + Q'_x$，产业 y 的产量为 Q_y，且 $Q_y = q_y + Q'_y$，其中 Q_x、Q_y 为 x、y 产业的总产量，q_x、q_y 为企业进入不同产业的产量，Q'_x 与 Q'_y 为产业 x、y 中除进入企业外其余企业产量之和。

均衡过程分析如下。企业依据进入 x 或 y 产业后的预期利润进行产业选择。企业进入产业 x、y 后的利润函数分别为 $\pi_x = p_x q_x - c_x q_x$，$\pi_y = p_y q_y - c_y q_y$。将需求函数代入上式，利润最大化即为：

$$\max \pi_x = \max\{[\alpha_x(m_x) - \beta_x(q_x + Q'_x)]q_x - c_x q_x\} \quad (3.1)$$

计算 (3.1) 式关于 q_x 的一阶偏导数，且 $\frac{\partial \pi_x}{\partial q_x} = 0$，可得：

$$q_x = \frac{\alpha_x(m_x) - \beta_x Q'_x - c_x}{2\beta_x} \quad (3.2)$$

产业 x 内的已有企业达到利润最大化需满足式（3.3）：

$$\max\left\{\left[\alpha_x(m_x) - \beta_x(q_x + Q'_x)\right]Q'_x - c_xQ'_x\right\} \tag{3.3}$$

将（3.2）式中 q_x 的值代入（3.3）式，利润最大化时（3.3）式对 Q'_x 的一阶偏导数为零。由此可得，x 产业对已有企业产品的需求量为：

$$Q'_x = \frac{\alpha_x(m_x) - c_x}{2\beta_x} \tag{3.4}$$

将 Q'_x 的表达式代入（3.1）式中可得：

$$q_x = \frac{\alpha_x(m_x) - c_x}{4\beta_x} \tag{3.5}$$

将（3.4）式、（3.5）式代入企业进入行业 x 的利润函数 π_x，可得：

$$\pi_x = \frac{\left[\alpha_x(m_x) - c_x\right]^2}{16\beta_x}$$

同理，企业进入 y 产业的产量和最大化利润如下：

$$q_y = \frac{\alpha_y(m_y) - c_y}{4\beta_x}, \pi_y = \frac{\left[\alpha_y(m_y) - c_y\right]^2}{16\beta_y}$$

当企业进行产业选择时，比较 π_x 与 π_y，由于产业 x 是目前消费膨胀的行业，其市场容量 m_x 上升，而市场需求对价格敏感程度 β_x 下降，因此进入产业 x 所得利润呈现不断上升趋势。而产业 y 中消费需求萎缩，即市场容量 m_y 下降，所以进入产业 y 获得的利润处于下降状态。此时，企业会选择进入产业 x，众多企业的进入就会提高产业 x 在经济中的比重，产业结构发生改变。

上述模型仅说明了消费需求的不平衡增长使得要素快速流入一些需求增加的消费品行业，从而带来这些消费品行业的快速发展。实际上，消费品行业的快速发展，还通过产业间的技术经济联系进一步诱发中间产品和资本品行业发展，这是引起制造业结构变动的一个重要方面。行业的技术经济特点决定了其最终需求增加时对其他行业产出的影响程度。根据里昂惕夫的投入产出理论，可以利用影响力系数衡量这种影响程度。影响力系数度量了某一行业最终需求增加 1 单位时，对其他行业产出量的影响。如果影响力系数大于1，则说明该行业的最终需求增加 1 单位时，对其他行业产出量的影响程度在平均水平之上。例如，我国食品加工业的影响力系数为1.01（王岳平、葛岳静，2007）。

消费需求的变化，不仅通过需求收入弹性差异引起消费结构变化，进而带来制造业结构变动，还通过以下两个渠道影响制造业结构。一是一些行业需求的快速成长，激发该行业技术创新的投资，由此引发行业快速技术进步。而需求不断上升和技术进步的结合必将带来行业比重的提高。Schmookler（1966）在考察了美国炼油、造纸、铁路等行业的产出和专利数量之间的关系后，发现其产出增长先于专利的增长，由此提出了技术创新的"需求拉动"观点。Mayers 和 Marquis（1969）针对不同产业的 567 项创新的研究表明，多数产品创新的成功依赖于市场需求而非技术机会。需求增加是推动技术创新的重要因素，需求增加和技术进步的结合又引起行业比重改变。二是需求质量的变化也会影响制造业结构。Porter（1990）提出需求质量的提高、挑剔客户的存在是行业竞争力的重要来源。随着收入水平的提高，需求质量不断攀升，消费者追求高质量、高性能、更为个性化的产品，这也会影响一国（区域）的制造业结构变化。为了满足挑剔的需求，企业需要管理创新、流程创新等，但仅有单个企业的变化，很难带来产品质量、性能等的大幅度提高，还需要上下游行业之间的协同变化。例如，随着收入水平的提高，消费者对空调的要求越来越多，节约能源、静音运行等。只有高质量的压缩机才能满足这些要求，而压缩机所用的材料是影响其性能的重要因素。因此，需求质量的变化也会引发制造业结构的变动。

二 技术进步

技术进步是推动产业结构变化的重要因素之一。较多的文献探讨了技术进步对三次产业结构的影响（Baumol，1967；Kravis，1983；Kylymnyuk，2007）。这里我们想要进一步分析技术进步对制造业结构变动的影响。由于制造业内部行业种类繁多，为了研究方便，我们将制造业行业分为三类——生产消费品的行业、生产中间产品的行业以及生产资本品的行业，分别讨论技术进步对三类行业比重的影响。Ngai（2007）构建了一个包含结构变动的多部门经济增长模型，以此说明结构变动和卡尔多事实可以相容。这里我们利用该模型说明技术进步对制造业结构变动的影响。

（一）模型设置

封闭经济中存在 m 个行业，每个行业生产一种产品。其中，行业 $i = 1，\cdots, m-1$ 仅仅生产消费品，最后一个行业 m 既生产消费品又生产资本品。在该经济中以第 m 个行业的产品为价格基准。封闭经济中消费活动由如下效用函数刻画：

$$U = \int_0^\infty e^{-\rho t} v(c_1, \cdots, c_m) \mathrm{d}t$$

其中，$c_i \geq 0$，$i = 1，\cdots; m$ 代表每种产品的消费数量；ρ 表示消费者的主观贴现率，$\rho > 0$。其中，即期效用函数 $v(\cdot)$ 是凹的，满足稻田条件，即 $v'(\cdot) > 0$，$v''(\cdot) < 0$，这一条件保证了内点解存在。即期效用函数具体形式如下所示：

$$v(c_1, \cdots, c_m) = \frac{\phi(\cdot)^{1-\theta} - 1}{1 - \theta}$$

其中，$\phi(\cdot) = \left[\sum_{i=1}^m \omega_i c_i^{(\varepsilon-1)/\varepsilon} \right]^{\varepsilon/(\varepsilon-1)}$，$\varepsilon$ 为不同商品的替代弹性，

$\varepsilon > 0$。θ、ω_i 均为大于零的常数，$\sum\limits_{i=1}^{m} \omega_i = 1$。

生产中每个行业均使用劳动和资本，且每个行业有相同的生产函数 $F^i(n_i k_i, n_i)$。其中，n_i 是行业 i 的雇佣份额，$n_i \geqslant 0$。k_i 是行业 i 资本总量与劳动总量的比率，$k_i \geqslant 0$。n_i、k_i 满足：$\sum\limits_{i=1}^{m} n_i = 1$，$\sum\limits_{i=1}^{m} n_i k_i = k$，$k$ 是经济总体中的资本 – 劳动比率。整个经济中劳动力以 v 速度增加，而资本增长率内生于经济增长过程。假定生产函数的具体形式是 C – D 生产函数，不同部门技术水平为 A_i，各部门资本密集度不变，$F_i = A_i (n_i k_i)^{\alpha} n_i^{1-\alpha}$，其中 $\alpha \in (0,1)$。另外，由于行业 i 的技术水平为 A_i，则技术进步率 γ_i 可以表示为 $\gamma_i = \dot{A_i}/A_i$。

（二）模型结论：技术进步对消费品行业比重变动的影响

满足均衡条件时，消费品行业的劳动力比重由（3.6）式决定：

$$n_i = \frac{x_i}{X}\left(\frac{c}{y}\right) \qquad i \neq m \tag{3.6}$$

其中，c 指总的消费支出，$c = \sum\limits_{i=1}^{m} p_i c_i$；$y$ 是指人均总产出，$y = \sum\limits_{i=1}^{m} P_i F^i$；$x_i$ 是 i 行业与 m 行业产品消费支出的比率，$x_i = \dfrac{P_i c_i}{c_m}$。由于 $X = \sum\limits_{i=1}^{m} x_i$，则 $\dfrac{x_i}{X}$ 就是 i 行业消费支出占总消费支出的比例。

根据式（3.6）可以得到式（3.7），即消费品行业 i 劳动力份额的变化：

$$\frac{\dot{n_i}}{n_i} = \frac{\dot{c/y}}{c/y} + (1-\varepsilon)(\bar{\gamma} - \gamma_i) \qquad \forall i, j \neq m \tag{3.7}$$

其中，γ_i 是行业 i 的技术进步率，$\bar{\gamma}$ 是所有行业加权的技术进步率，可以认为是社会平均的技术进步率。

由（3.7）式可知，两个消费品行业劳动力份额变动速度的比较可以用（3.8）式表示，两个行业消费支出增长率的比较可以用（3.9）式表示：

$$\frac{\dot{n}_i}{n_i} - \frac{\dot{n}_j}{n_j} = (1 - \varepsilon)(\gamma_j - \gamma_i) \qquad \forall i,j \neq m \qquad (3.8)$$

$$\frac{\dot{c}_i}{c_i} - \frac{\dot{c}_j}{c_j} = \varepsilon(\gamma_j - \gamma_i) \qquad \forall i,j \qquad (3.9)$$

（3.6）式意味着经济处于均衡状态时，纯消费行业的劳动力比重由行业 i 消费支出占总消费支出的比例以及整个社会中消费与产出的比例所决定。对于一个消费品行业而言，其消费支出占总消费支出的比重越高，那么该行业在经济中占有较大的比重。然而需要指出的是，这一结论仅仅说明了某一时点上，行业劳动力份额的绝对比重，而非劳动力份额的变动速度。根据（3.7）式可以知道，行业 i 劳动力份额的变化速度取决于三个因素，一是消费占产出比例的变化，二是该行业和其他行业产品之间的替代弹性 ε，三是行业技术进步率和社会平均技术进步率的比较。（3.8）式更清晰地说明了两个消费品行业劳动力份额变化速度的比较，如果替代弹性 $\varepsilon < 1$，也就是说对于消费者而言两个行业产出的替代性比较小。例如，食品行业和服装行业，在这种条件下技术进步快的行业，劳动力份额增加速度比较慢，此时社会中劳动力更多地流向技术进步比较慢的消费品生产行业。反之，如果 $\varepsilon > 1$，也就是行业产品间存在较大的替代性，那么技术进步快的行业劳动力份额增加比较快，社会中劳动力更多流向技术进步比较快的行业。因此，技术进步对消费品行业比重的影响需要结合行业产出在效用函数中的替代关系具体分析。联合（3.8）式、（3.9）式可以知道，给定两个行业技术进步率的差异 $(\gamma_j - \gamma_i)$，当 ε 非常小的时候，也就是两个行业产出替代能力比较小时，i、j 行业消费份额变化的速度没有太大差异，也就是

$\dfrac{\dot{c_i}}{c_i} - \dfrac{\dot{c_j}}{c_j}$ 比较小。但两个行业劳动力份额的变化速度存在明显差异，

因为 ε 比较小，$(1-\varepsilon)$ 比较大，$\dfrac{\dot{n_i}}{n_i} - \dfrac{\dot{n_j}}{n_j}$ 出现较大的变化。这就说明，即便不存在明显的消费结构改变，技术进步也能够充分解释行业间比重的改变。需要指出的是由于模型中的纯消费行业的假设，这些结论只能是理论上的说明，因为现实社会中不存在纯消费行业。一般来说一个行业的产出既可以用作消费，又可以用作中间产品投入生产过程。另外，上述模型仅考虑了一个资本品行业，因此无法利用该模型分析技术进步对资本品行业结构变动的影响。

（三）模型结论：技术进步对资本品行业比重变动的影响

基本模型中只有 1 个资本品行业 m，为了更好地接近经济现实，考虑更多资本品行业以研究技术进步对不同资本品生产行业比重变动的影响。

假设这里有 κ 个不同的资本品行业。不同的资本品通过生产函数 G 形成总资本品，总资本品进入各种产品的生产函数 F^i。因此，这一扩展导致各行业生产函数中使用的资本品 k_i 不再是单一行业的产出而是资本品生产函数 G 的产出。假定资本品生产函数 G 是常替代弹性生产函数，具体形式如下：$G = \left[\sum_{j=1}^{\kappa} \zeta_{m_j} (F^{m_j})^{(\mu-1)/\mu} \right]^{\mu/(\mu-1)}$。其中 $\mu > 0$，$\zeta_{m_j} \geq 0$；F^{m_j} 是每个资本品行业的产出，现在 G 代替基本模型中的行业 m 的产出。

经过这种扩展后，关于消费品行业的结论，仍和基本模型一致。不同的是，通过这种扩展可以得到资本品行业结构变动的规律，具体见式（3.10）：

$$\frac{n_{m_j}}{n_{m_i}} = \left(\frac{\zeta_{m_j}}{\zeta_{m_i}}\right)^{\mu} \left(\frac{A_{m_i}}{A_{m_j}}\right)^{1-\mu} \qquad \forall i,j = 1,\cdots,k \qquad (3.10)$$

（3.10）式通过变换可以得到（3.11）式。

$$\frac{\overset{\bullet}{n_{m_j}/n_{m_i}}}{n_{m_j}/n_{m_i}} = (1-\mu)(\gamma_{m_i} - \gamma_{m_j}); \qquad \forall i,j = 1,\cdots,k \qquad (3.11)$$

（3.11）式说明两个资本品行业劳动力份额的变化率取决于两个行业产品在生产过程中的替代弹性以及技术进步率的差异。具体来说：第一，若 $\mu = 1$，则资本品生产函数 G 是柯布—道格拉斯生产函数，此时资本品行业间比重保持不变，可将所有资本品部门作为 1 个行业对待；第二，若 $\mu > 1$，也即生产过程中不同资本品行业的产出存在较强的替代关系，则技术进步快的资本品行业劳动力比重上升；第三，若 $\mu < 1$，则不同资本品行业的产出在生产过程中更多的是互补关系，技术进步速度快的资本品行业比重下降。

（四）模型结论：技术进步对中间产品行业比重变动的影响

基本模型中并未考虑中间产品，实际经济运行中一个行业的产出既可以是消费品又可以是中间投入品。可以对基本模型进行延伸，考虑存在中间产品的情况。需要说明的是，中间产品和资本品不同，中间产品的使用是一次性的，而资本品却是可以重复使用于多个生产过程的。具体来说，资本品更多地以机械设备的形式存在，而中间产品则以生产过程中使用的原材料等形式存在。

假定生产活动中存在两种类型的行业：行业 $1,\cdots,m-1$ 的产品既可用于消费又可用于中间投入，简单起见，称其为非资本品行业；行业 m 生产资本品，可称其为资本品行业。某一非资本品部门 i 的产出为 $c_i + h_i$，h_i 是该行业产出中用作中间投入的部分。假定存在中间产品生产函数 $\Phi(h_i,\cdots,h_m)$，将所有行业生产的中间投入品综合为一种中间产品 ϕ。由于生产过程中存在中间产品，不同行业的生产函数形式变为 $F^i = A_i n_i k_i^{\alpha} q_i^{\beta}$，其中 q_i 是行业 i 中使用的中间产品数量与劳动力的比重，β 是中间投入品份额，α，$\beta > 0$ 且 $\alpha + \beta = 1$。

若 Φ 为常替代弹性生产函数，η 为弹性，$\eta > 0$，则整个经济达到稳态均衡的条件要求 $\eta = 1$，即 Φ 为 C – D 生产函数，此时非资本品行业的劳动力比重由式（3.12）所决定。

$$n_i = \left(\frac{c}{y}\right)\left(\frac{x_i}{x}\right) + \varphi_i \beta \qquad i = 1, \cdots, m-1 \qquad (3.12)$$

其中，φ_i 是行业 i 产出用于中间投入的份额。β 是生产函数 F^i 的中间产品使用份额。

（3.12）式说明了均衡时非资本品行业 i 的劳动力份额取决于两个部分：一是（3.12）式中右边第一项，也就是为了满足消费所需的劳动份额；二是（3.12）式中右边第二项 $\varphi_i \beta$，也就是为满足中间产品需求所需的劳动力份额。根据（3.12）式，可以整理出（3.13）式。通过（3.13）式可以粗略判断在存在中间产品的情况下，非资本品行业劳动力份额变动的大致趋势。

$$\frac{\dot{n_i}}{n_i - \varphi_i \beta} = \left[\frac{\dot{c/y}}{c/y} + (1-\varepsilon)\bar{\gamma}\right] - (1-\varepsilon)\gamma_i \qquad i = 1, \cdots, m-1$$

$$(3.13)$$

（3.13）式右边第一项对所有部门均相同，第二项由该行业产品的替代弹性和该行业技术进步率所决定。如果该行业产品中用于中间投入的份额很小，即 φ_i 很小，则 $\frac{\dot{n_i}}{n_i - \varphi_i \beta}$ 近似等于 $\frac{\dot{n_i}}{n_i}$，和前文中分析的行业产出完全作为消费品的情况类似。在 φ_i 较大的情况下，也即该行业产品的大部分用于中间投入，其极端情况是 $\varphi_i = 1$，也即该行业完全是中间产品行业。在给定 β 的情况下，若 $\varepsilon < 1$，该行业劳动力份额增长速度与技术进步率呈反比，也即技术进步越快，其劳动力比重提高越慢；若 $\varepsilon > 1$，则该行业的劳动力比重变化速度和技术进步率呈正比。

三 要素禀赋

要素禀赋是指一国所拥有的各种生产要素的数量，我们这里所讨论的要素禀赋主要是指资本和劳动的相对丰裕程度。任何一本关于产业结构的教材都会提到一国要素禀赋对产业结构的影响。但是林毅夫（2003，2009）的研究认为对于发展中国家而言，要素禀赋对产业结构尤其是制造业结构有着决定性的影响。和发达国家不同，发展中国家的技术水平比较落后，更多地通过引进、消化吸收国外已有技术促进本国技术进步（Hayami，2005）。可以认为对于发展中国家而言，技术进步的方向或路径是外生给定的，产业结构的变动更多依赖要素禀赋状况。而发达国家处于世界技术进步的前沿，技术进步的方向决定了未来产业发展的方向，也决定了产业结构的变动。需要指出的是，发展中国家的要素禀赋状况并不是固定不变的。随着经济发展水平的提高，发展中国家要素的相对丰裕程度逐渐发生改变，从资本相对稀缺、劳动相对丰富，逐渐转变为劳动相对稀缺、资本相对丰富。在市场经济背景下，要素禀赋相对稀缺程度的改变导致其相对价格的改变，这就会进一步影响产业结构变动，从劳动密集型产业主导转变为资本密集型产业主导。具体来说如图3-1所示。

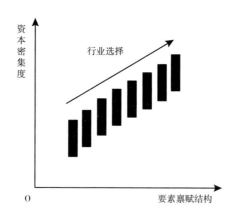

图 3-1 要素禀赋影响制造业结构变动

资料来源：作者整理。

　　接下来我们以林毅夫（2003，2009）理论为基础，通过分析企业如何进行产业选择来说明要素禀赋对制造业结构的影响。为了更好地说明企业的产业选择，林毅夫（2003，2009）首先引入了自生能力的概念。在一个自由竞争的市场中，如果企业能够通过正常的经营管理获得可以接受的利润，那么就称这个企业拥有自生能力，反之则没有自生能力（林毅夫，2002）。假定一个经济中存在三个产业，图 3 - 2 中的 I、J、K 分别表示不同产业相同产值的等产量线。产业 I、J、K 的资本密集度顺次递增。C 和 D 表示不同要素禀赋条件下的等成本线。其中，C 表示劳动力资源丰富而资本稀缺情况下的等成本线，而 D 表示劳动力资源稀缺而资本丰富的等成本线。当一个社会禀赋状况处于 C 时，对于企业而言最优的产业选择就是 I_1、J_1，在选择 I_1、J_1 的情况下企业具备自生能力，可以通过市场竞争获得正常利润，从而能够进行资本积累。随着时间的推移，众多企业的资本积累导致整个社会要素禀赋结构发生变化。在价格机制发挥作用的情况下，要素的相对价格反映其相对稀缺程度，于是企业所面临的等成本线从 C 转变为 D。此时，企业最优的产业选择就是资本密集度相对较高的 K 和 J 行业，其技术选择分别位于 K_1 和 J_2 处。同样，这种选择能够给企业带来正常利润，资本丰裕程度上升，产业结构开始新一轮的升级过程。

　　上述过程顺利进行的前提条件是价格机制能够反映要素的稀缺程度。如果在劳动力丰富而资本稀缺的情况下，要素价格被人为扭曲，那么企业所面临的等成本线就不再是 C。在这种扭曲的背景下，企业根据劳动和资本价格做出的产业选择就不符合要素禀赋，企业也就不具备自生能力，不能够通过正常的经营获取利润。从社会层面看，要素价格的扭曲导致产业结构偏离要素禀赋结构，企业不能获取正常利润，要素禀赋丰裕程度不会发生改变（或者变化缓慢），从而产业结构处于停滞状态，不能顺利进行产业升级。

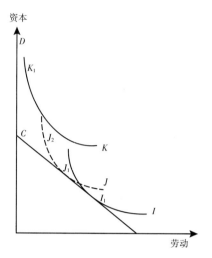

图 3 - 2　企业基于要素禀赋选择产业

资料来源：林毅夫、刘培林《自生能力和国企改革》，《经济研究》2001 年第 9 期，第 60 ~ 70 页。

四　制度供给

制度本身的内涵非常宽泛，不同领域的研究学者对制度有不同的界定，在这里我们主要讨论影响产业结构的基本经济制度。对于转型国家而言，市场化改革是最显著、最突出的制度变化。另外，一些具体的经济制度也会对制造业结构产生影响，如契约维护制度等。我们首先分析市场化改革对制造业结构变动的影响机理，其次深入分析具体制度对制造业结构的影响。

（一）市场化改革对制造业结构变动的影响

市场化改革对制造业结构变动的影响实质上是通过价格反映消费者需求、指导企业行为，以此引导要素和资源在不同行业间配置的。首先，在消费者偏好、技术等均不发生改变的静态情况下，市场化改革对产业结构的作用，实际上就是以价格机制为基础在不同行业间有效配置资源。市场化改革使得相对价格反映自由市场中消费者需求。经济学中的成本均是指由稀缺和多种用途带来的机会成本。从生产者的角度看，供给背后是成本，但从社会即消费者的角度看，成本反映的只不过是消费者对其他相关产品的评价。总之，消费者的评价影响各种产品和服务的相对价格，而且在其他条件不变的情况下，消费者需求变化导致相对价格变化。当消费者更迫切需要一种商品时，这种商品的价格相对上升，其他商品的价格相对下降。市场化改革通过价格还会形成一个盈亏机制，也是一个奖惩机制。奖励那些以较低的成本生产出消费者较为迫切需要的产品和服务的企业家，惩罚那些以较高成本生产出消费者不那么迫切需要的产品和服务的企业家。产业结构的形成一方面取决于需求状况，另一方面取决于掌握要素和资源的企业生产活动的安排，而市场化改革对产业结构的影响就是通过价格反映需求，并引导资源在产业间的流动。

其次，在偏好、技术等发生改变的动态情况下，市场化改革对产业结构的影响，主要体现在构建了信息传递机制，引导要素流动，从而带来产业结构的变动。实际上，前文中提到的消费需求、技术进步和要素禀赋变动对产业结构的影响，必须通过市场化改革建立的价格机制发挥作用。消费者的需求结构会随着偏好、收入水平发生改变；同时，企业家会不断发现新的资源或现有资源的新用途，工程师或发明家会不断发明出新机器或新配方，等等。随着经济发展不断积累，要素禀赋的相对丰裕程度会发生变化。这些变化都要求产业结构进行相应的改变，以实现资源有效配置。然而，偏好、技术以及禀赋的变化发生在不同区域和不同行业。当这些变化发生之后，为重新达到资源有效配置，需要将分散出现的新变化传递给相关个体，调整产业结构，协调生产和消费活动。如何把这些新资源和新知识或新配方扩散到经济活动中去，转变为产业结构调整，有效地满足人们不断变化的需要呢？自由市场的价格机制是解决这个问题的最有效机制。通过价格机制，情况的变化迅速地表现为资源或消费品相对价格的变化，进而表现为各种消费品的生产者——

企业家的盈亏，迫使他们调整生产，从而调整整个社会的资源配置。比如，一种资源有了新的更重要的用途，迅速表现为这种资源的价格上升，从而使得用这种资源生产出来的产品的成本增加和价格上升。与此同时，企业家会努力寻找这种资源的替代品，从而使替代品的价格和用替代品生产出来的产品的价格发生变化。这个过程最终体现为产业结构调整过程。

（二）其他制度对制造业结构影响

近期的一些文献深入研究特定的经济制度对产业结构的影响。制度对经济增长的影响一直是经济学家尤其是制度经济学领域关注的问题。近期的一些文献对制度进行分类，并详细分析了不同类型制度对产业结构的影响。这里以契约维护制度为例说明具体制度对制造业结构的影响。

North（1981）归纳了一个良好制度环境在经济活动中发挥的作用：一是限制政府或者精英对于私人财产权的侵犯和掠夺，政府或者精英往往具有特殊的权利，容易做出剥夺他人财产的行为，通过制度限制这些行为，实现投资活动所预期的回报，能够促进投资增加，从而带来经济增长。制度的另外一个作用是通过提供一个高效的司法体系或者良好的社会信用体系，解决私人部门之间或者私人部门和公共部门在交易过程中出现的合同签订及履行的纠纷，这能够降低交易成本，促进分工的发展，增进社会经济效率，带来经济增长。根据 North 的理论，Acemoglu（2005）将制度分为两类，将保证私人财产权的制度称为"财产保护制度"，将调节交易纠纷的制度称为"契约维护制度"。经济学家对这两类制度在经济增长过程中的重要性持不同的态度。以科斯（1937，1960）以及威廉姆森（1975，1985）为代表的契约理论研究者认为社会和企业的效率取决于合同能否签订及执行，因此他们强调契约维护制度的重要性。而以 Jones（1973）、巴泽尔（1997）、Olson（2000）等为代表的产权学派则强调财产保护制度对经济增长的重要性。

还有一些文献认为财产保护制度对一国范围内所有产业的影响是相同的，而契约维护制度对不同产业有着不同的影响。Amin 和 Mattoo（2006）、汪德华（2007）认为由于服务业和工业间技术经济特点存在明显差异，两者的发展要求不同的制度环境，因此，契约维护制度的完善程度是影响服务业和工业比例关系的重要因素。李坤望（2010）认为不同制造业行业对契约制度的依赖程度不同，虽然我国不同省份间和契约制度相关的法律法规没有太大区别，但不同省份的契约执行效率存在明显差异。实证研究发现，契约执行效率越高，出口产品中契约密集型制造业行业所占的比重越大。张光录（2009）分析了装备制造业生产过程中的高积累性、高专用型等特点，并认为这些特点决定了其发展需要良好的交易环境。可以说李坤望（2010）和张光录（2009）都指出了制度环境对制造业结构的影响。只不过两人对制造业的划分不同，李坤望（2010）依据契约密集度对制造业行业分类，而张光录（2009）将制造业分为普通加工工业和装备制造业。虽然分类标准不同，实际上分类结果并没有太大差异，李坤望（2010）计算了制造业分行业契约密集程度，结果显示组成装备制造业的 6 个两位数行业的契约密集度均比较高。① 这里我们按照张光录（2009）的研究，将制造业内部行业分为普通加工制造业和装备制造业。这种分类一方面突出了行业间的差异性，方便我们的研究；另一方面也遵循了制造业内部发展的一般规律：普通加工制造业先发展起来，然后产出生产资料的装备制造业迅速

---

① 从概念上界定，装备制造业是为制造业部门提供工作母机的行业。一般认为装备制造业包括 6 个两位数行业。这 6 个两位数行业分别是：专用设备制造业（35），通用机械制造业（35），交通运输设备制造业（37），电气机械及器材制造业（39），通信设备、计算机及其电子设备制造业（40），仪器仪表及文化、办公用机械制造业（41）。李坤望（2010）测定制造业分行业的契约密集度，这一指标是 0～1 之间的数，数值越接近 1 说明该行业对契约制度的依赖性越大。装备制造业的 6 个两位数行业的契约密集度均在 0.96 以上。

增长。基于他们的分析框架，我们进一步分析契约维护制度对于装备制造业发展的重要性。

相对于普通加工制造业而言，装备制造业的技术和市场特征决定了其发展更为依赖合同的签订和执行，因此，要求运行良好的契约维护制度。首先，装备制造业技术的复杂性和集成性决定了其生产过程中需要购买多种类的中间投入品。一般来说，装备制造业产品生产过程中需要成千上万的零部件，任何企业既没有能力也没有必要生产每种零部件，这就要求装备制造业企业和上游的零部件供应商之间签订合同，建立投入产出关系。和普通加工制造业不同，一方面装备制造业企业需要投入的零部件种类庞大，另一方面，装备制造业产品的复杂性又对各种零部件质量的同质性及其生产技术水平的同步性提出较高的要求（张保胜，2009）。这就要求装备制造业企业和多个上游企业签订复杂的交易合同。如果没有良好的契约维护制度，无法有效地解决交易过程中存在的纠纷，就会增加装备制造业企业的运营成本，最终导致这一行业因缺乏市场竞争力而处于停滞状态。Blanchard 和 Kremer（1997）根据不同制造业行业需要中间投入品的多少界定产业的复杂性，并且对比了苏联解体前后不同产业产出的变化。通过计量回归发现，复杂性越高的行业在苏联解体后产出下降越快。这一现象背后的原因是，苏联采用了激进的改革路径，通过国有企业私有化确立私有产权，然而，社会中的契约维护制度，如和交易相关的法律法规建设需要一定的时间。因此在解体后的一段时间内，由于社会契约制度尚未建立，合同签订和执行存在较高的交易成本，这就限制了复杂性较高的制造业行业的生产活动。

其次，和普通加工制造业的标准化产出不同，装备制造业的产出大多是个性化的定制产品。如果说普通加工制造业竞争的核心是成本和价格，那么装备制造业竞争的核心就是产品差别化、个性化。因此，装备制造业强调按照需求方的要求量身定做。个性化定制产品决定了装备制造业交易过程的两个特征，一是在签订契约时，由于定制产品还未生产出来，购买方并不能对产品的质量进行鉴定和评估；二是个性化定制过程中可能出现双边垄断的情况。Rauch（1999）指出由于制造业中存在较为显著的产品差异，因此和一些农产品等未加工产品相比，制造业产品的交易过程中缺乏有组织的市场。由此可以进一步推理，由于装备制造业产品的个性化，和加工制造业相比，装备制造业更缺乏有组织的市场。这就造成了装备制造业的交易市场中，交易者数量比较少，交易频次比较低。根据交易成本理论，市场交易者的数量、交易的频次等特征都会影响交易的效率。产品越是标准化，市场交易者就越多，这就有利于通过竞争降低交易成本，而产品越是个性化、市场交易者越少，就会越缺乏竞争，容易出现双边锁定。在出现双边锁定的情况下，市场参与者的有限理性和机会主义倾向带来较高的交易风险，降低交易效率。这些交易特征决定了，装备制造业的交易更需要运行良好的契约维护制度，以降低交易风险，保障交易者的利益。

最后，装备制造业生产过程中的资产专用性也决定了该行业发展更加依赖契约维护制度。装备制造业为国民经济提供"工作母机"，产品的特殊性要求其在生产过程中对机器设备、人力资本等进行专用性投资（何禹霆，2012）。根据威廉姆森（1975）的观点，在存在资产专用性的情况下，生产过程的共同所有权会节约交易成本，企业的垂直一体化变得比较有效率。对于装备制造业企业而言，一方面资产专用性要求生产过程的垂直一体化，节约交易成本；另一方面装备制造业生产中中间投入品的数量决定了企业必须把大部分中间产品外包出去，采用纵向非一体化的生产形式。就发展的趋势来看，装备制造业企业的纵向非一体化程度不断提高，专业化程度越高，装备制造业企业的效率就越高，竞争力就越强（樊玉然，2013）。因此，装备制造业企业必须在资产专用性程度较高的条件下进行专业化分工。为了降低专业化分工过程中的交易成本，一方面需要合理的契约安排，如采用质押品等多种形式规避机会主义行为；另一方面需要良好的契约维护制度，以解决交易过程中出现的纠纷。

综上所述，制度对制造业结构的影响主要体现为两个方面，一是转型国家市场化改革，通过发挥价格机制的作用以及减小各种阻碍要素流动的人为障碍，推动制造业结构转变。二是不同行业发展依赖于不同的制度条件，相关制度的缺失或者是不完善影响制造业结构，我们以契约维护制度为例，说明这类具体制度对装备制造业发展的重要性，行业特点决定了装备制造业发展过程中需要良好的契约维护制度。这些制度发展的完善程度在一定程度上影响制造业结构。

第三节　制造业结构变动对生产率的影响机制

生产率增长日益成为现代经济增长的核心。而结构变动是促进生产率增长的重要因素。本节尝试从理论上说明制造业结构变动影响生产率的机制。首先，产业间结构变动通过要素从低边际产出行业转移到高边际产出行业促进部门生产率的提高；其次，从产业内看，结构变动过程中，比重快速增加的产业分工水平发生改变，专业化程度的提高促进部门生产率增加；最后，从微观企业层面上看，行业产出比重的增加有利于企业享受更为专业化的要素市场等，这些都有助于提高企业生产率，进而促进部门生产率的提高。

一　产业间要素流动机制

微观经济学的一般均衡理论假定市场运行中不存在摩擦力：既不存在政府对经济活动的干预，也不存在市场失灵。在这种条件下通过市场机制配置资源达到帕累托有效状态，此时不同产业间要素边际产出相同，不能通过资源的再配置提高产出水平。然而现实社会中，很多因素影响资源在产业间的配置，使其偏离帕累托最优。

一是不同的技术进步速度导致产业间要素边际产出的差异；二是要素市场并非无摩擦地运转，以金融市场为例，金融机构出于对风险问题的权衡，不愿意为一些高生产率、高风险的产业融资，这就导致资本不能够进入边际产出较高的产业。另外，传统研究认为劳动力市场上摩擦相对较小，劳动力配置的扭曲程度也比较小，然而最近的研究却表明劳动力市场上的摩擦力严重扭曲了劳动力在产业间的配置。Micco 和 Repetto（2012）对智利的研究表明，尽管 30 年来智利劳动力市场的效率不断提高，但是还存在着明显的劳动力配置扭曲。除了上述两个因素外，政府对资源配置的干预也会导致不同产业间要素边际产出的差异。无论是发达国家还是发展中国家都会有一些不恰当的产业政策，支持（或阻碍）要素进入（或退出）某些行业。这些政策干扰了正常的资源配置过程。例如，在国际竞争日趋激烈的背景下，各个国家都会出台倾向性的产业政策，通过税收、投资等优惠措施扶持一些产业的发展，这在一定程度上扭曲了资源配置。

在产业间要素边际产出存在差异的情况下，即便是保持生产中投入要素数量不变，也可以通过调整要素在产业间的配置，提高整个经济的产出，这就是通过产业结构调整提高部门生产率。Syrquin（1984）通过对全要素生产率的分解说明在产业间要素边际产出存在差异的情况下，结构变动对生产率提高的作用。我们借鉴这一方法，说明由于不同行业边际产出差异，制造业结构变动对其生产率的促进作用。

假设经济中存在 m 个制造业行业，并且每个制造业行业的生产函数可微、规模报酬不变，且均为中性技术进步，即 $Y_i = f^i(K_i, L_i, t)$，其中，$i = 1, \cdots, m$，则根据索洛的经济增长核算方法，各行业的产出增长率可进行如下分解：

$$G(Y_i) = \alpha_i G(K_i) + \beta_i G(L_i) + G(A_i) \tag{3.14}$$

其中，$G(K_i)$，$G(L_i)$ 分别是资本和劳动投入的增长率。且

$$G(K_i) = \frac{\left(\frac{dK_i}{dt}\right)}{K_i} = \frac{\dot{K_i}}{K_i}, \ G(L_i) = \frac{\left(\frac{dL_i}{dt}\right)}{L_i} = \frac{\dot{L_i}}{L_i}, \ G(A_i) \text{ 是 } i \text{ 行业全要素生}$$

产率的增长率。α_i 是 i 行业的资本产出弹性，$\alpha_i = f(K_i)\frac{K_i}{Y_i}$，$f(K_i)$ 是

i 行业资本的边际产出。β_i 是 i 行业的劳动产出弹性，$\beta_i = \frac{f(L_i)L_i}{Y_i}$，

$f(L_i)$ 是 i 行业劳动的边际产出。整个制造业部门的产出增长率可以
表示为各行业产出增长率的加权，如下式所示：

$$G(Y) = d\left(\sum_{i=1}^{m} Y_i\right)/Y = \sum_{i=1}^{m} \rho_i G(Y_i) \tag{3.15}$$

其中，ρ_i 表示各行业占制造业部门产出的比重，即 $\rho_i = \frac{Y_i}{Y}$。将
（3.14）式代入（3.15）式可得：

$$G(Y) = \sum_{i=1}^{m} \rho_i G(A_i) + \sum_{i=1}^{m} \rho_i \alpha_i G(K_i) + \sum_{i=1}^{m} \rho_i \beta_i G(L_i) \tag{3.16}$$

另外，制造业部门总产出的增长率还可以写为：

$$G(Y) = G(A) + \alpha G(K) + \beta G(L) \tag{3.17}$$

其中，Y、K、L 分别代表制造业部门总产出、总资本、总劳动投
入，且 $Y = \sum_{i=1}^{m} Y_i$，$K = \sum_{i=1}^{m} K_i$，$L = \sum_{i=1}^{m} L_i$，$\alpha = \sum_{i=1}^{m} \rho_i \alpha_i$，$\beta = \sum_{i=1}^{m} \rho_i \beta_i$。$G(A)$ 是制
造业部门全要素生产率的增长率。通过（3.16）式和（3.17）式可
得制造业结构变动对生产率的影响 SE：

$$SE = G(A) - \sum_{i=1}^{m} \rho_i G(A_i) = \sum_{i=1}^{m} \rho_i \alpha_i G(k_i) + \sum_{i=1}^{m} \rho_i \beta_i G(l_i) \tag{3.18}$$

其中，k_i，l_i 分别表示第 i 行业在制造业中的资本比重、劳动比

重，即 $k_i = \dfrac{K_i}{K}$，$l_i = \dfrac{L_i}{L}$。（3.18）式最右边第一项表示资本结构变动对生产率增长的贡献，第二项表示劳动力结构变动对生产率增长的贡献。

因为 $\alpha_i = f(K_i)\dfrac{K_i}{Y_i}$，$\beta_i = \dfrac{f(L_i)L_i}{Y_i}$，$G(k_i) = \dfrac{\dot{K_i}}{K_i} - \dfrac{\dot{K}}{K}$，$G(l_i) = \dfrac{\dot{L_i}}{L_i} -$

$\dfrac{\dot{L}}{L}$，（3.18）式可整理为如下形式：

$$SE = \frac{1}{Y}\sum_{i=1}^{m} \dot{K_i}\left[f(K_i) - f(K)\right] + \frac{1}{Y}\sum_{i=1}^{m} \dot{L_i}\left[f(L_i) - f(L)\right] \quad (3.19)$$

从（3.19）式中可以看出，如果资本（或劳动）流向边际产出高于整个制造业部门资本（或劳动）边际产出的行业，这种要素流动就提高了制造业部门的生产率。从结构变动的角度来说，若资本或劳动边际产出高的行业比重增加，则会促进部门生产率的增加，而且这种结构变动越是剧烈，部门生产率提高速度越快。

二　产业内分工深化机制

上一小节主要分析了在不同行业之间存在要素边际产出差异的情况下，结构调整能够提高部门生产率。现在假定在一个纯粹市场经济中，不存在资源配置过程中的摩擦力，同时各个行业有着相同的技术进步水平，在这种情况下各个行业的边际产出相同。如果消费结构发生改变，对某一产业产出的需求大幅增加，为了满足更多的需求，均衡时该产业的比重增加，那么这种结构变动能否带来生产率的增加？事实上，20世纪中期 Verdoorn 发现了制造业行业的劳动生产率和产出增长之间存在一种密切的联系（Verdoorn's law）。这一定律说明某一行业生产率增长在很大程度上内生于行业产出增长（约翰·伊特韦尔，1992）。也就是说，如果行业 i 的需求增加，则会由此产生该行业产出和生产规模的扩张，与这种规模扩张相伴随的是 i 行业生产率的提高。一方面是行业 i 在制造业中比重的上升，另一方面是行业 i 生产效率的提高，两个因素结合起来促进整个制造业部门生产率的提高。Timmer 和 Szirmai（2000）、李小平（2007）均注意到在结构变动过程中 Verdoorn 定律所说明的生产率效应。

可以用分工来解释 Verdoorn 定律所说明的生产率随着产出增加而增长的现象。按照斯密的观点，市场规模决定分工水平。某一行业需求增加，其市场规模扩大，行业的分工水平提高，专业化促进了该行业生产效率的提高。接下来我们利用杨小凯的新兴古典经济学理论进行详细的分析。

我们假设一个封闭的经济中存在多个两位数制造业行业，市场机制无摩擦地发挥作用，不同行业间要素边际产出相同，行业 i 的需求增加。假定行业 i 中存在 4 个生产者，4 个中间产品分别为 1、2、3、4。对于每一个生产者而言，既能直接生产最终产品，又能生产任意一个中间产品。在这种情况下，行业 i 内部有三种不同的分工水平，具体如图 3-3 所示。

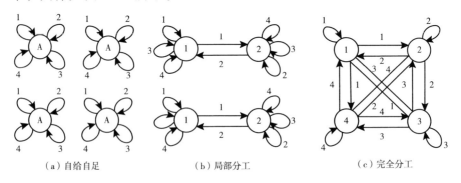

（a）自给自足　　　　　　（b）局部分工　　　　　　（c）完全分工

图 3-3　行业内部三种不同的分工水平

资料来源：杨小凯、张永生《新兴古典经济学和超边际分析》，中国人民大学出版社，2000。

　　在图 3 - 3 (a) 中四个生产者之间不存在任何分工，专业化水平低，任何一个企业都要生产四个中间产品，然后进行组装和出售，称其为自给自足的生产形式。图 3 - 3 (b) 是局部分工的情况，此时，每个生产者生产 3 种中间投入品，与完全自给自足的分工水平相比，局部分工条件下的生产率水平更高。图 3 - 3 (c) 处于完全分工的状态，生产率水平最高。这三种不同的分工程度所产生的交易费用是不一样的：自给自足情况下分工水平最低，生产者之间没有任何交易关系，此时交易费用是零；而局部分工情况下的交易费用高于自给自足、低于完全分工；完全分工情况下的交易费用最高。而具体经济运行中选择哪一种分工方式取决于分工所带来的收益和分工所产生的交易费用的比较。只有在一种分工模式的收益大于其所带来的交易成本时，这种分工形式才会出现。

　　假定初始状态时，对行业 i 产品的需求量比较低。行业 i 的产出比较低。较低的产出水平下，完全分工所带来的分工收益不能够弥补相应的交易费用。因此，在较低的需求水平下，采取局部分工或自给自足的生产方式。较低的分工水平决定了较低的生产率水平。

　　由于收入增加，消费结构发生改变，对行业 i 的需求增加，原有均衡被打破。此时，完全分工所带来的收益超过相应的交易费用。分工结构从局部分工转变为完全分工，整个经济在这种完全分工情况下达到新的均衡。完全分工带来了行业 i 生产率的提高。行业 i 生产率的提高及其比重的上升促进了制造业部门生产率的增加。

　　需要进一步指出的是，我们在上述分析中仅仅考虑了需求快速增加行业的分工深化，实际经济活动中各种行业间存在错综复杂的投入产出关系。这种投入产出关系会带来连锁效应，导致其他相关行业分工水平的改变。由此，结构变动引发行业分工水平变化，从而促进了部门生产率水平的提高。

三 企业效率提升机制

制造业结构变动过程中，一些行业发展相对较快，比重呈现增加趋势。这些行业中的企业能够享受到更多的外部规模经济，同时也参与更为激烈的市场竞争，这都会促进企业生产效率的提高。微观企业生产率的提高也能促进部门生产率的增长。具体来说，产业结构变动过程中企业层面生产率的提高主要来自以下两个方面。

首先，行业快速发展增加了行业内企业所能享受到的外部规模经济。众多企业选择某一行业进行投资的结果就是相关生产要素大量流入该行业，这就有利于形成专业化的劳动力市场和其他要素市场。以劳动力市场为例，在行业规模比较小的情况下，行业内企业数量比较小。这种有限的买方数量，容易形成买方垄断，产生机会主义行为。在这种情况下，人力资本投资尤其是专用性人力资本投资得不到合理的回报。劳动者会尽量减少人力资本投资，行业中很难出现专业化的劳动力市场。随着产业规模的扩张，产业内企业数量增加，劳动力市场上买方间的竞争避免了企业的机会主义行为，专用性人力资本投资就能获得合理的回报，这就刺激劳动者进一步增加人力资本投资。随着劳动力市场规模的扩大以及人力资本投资水平的上升，劳动者的生产效率提高。要素效率提高必将带来企业效率的提高。因此，行业比重的增加能够产生专业化的要素市场，这也推动了企业效率的提高。

其次，结构变动过程中企业间的竞争也会促进生产率的提高。制造业结构变动过程中，某一行业规模的扩大往往会带来产业组织的改变。Curry 和 George（1983）研究表明，行业规模扩张是影响市场集中度的显著因素。产业规模越大、企业数目越多，市场集中度就越低。较低的集中度往往意味着更为激烈的市场竞争。为了在激烈的市场竞争中生存，企业采用加速淘汰落后设备、积极进行技术改造等手段提高生产效率。另外，企业进入某一行业过程中，进入企业和在位企业间的竞争也会带来企业效率的提高。企业进入某一个行业的过程是在位企业和进入企业间的博弈过程。在博弈过程中，在位企业会采取一定的行为阻挠进入企业的进入。根据进入遏制博弈模型，在位者向进入者发出威胁：如果进入者进入，在位者将会做出反击。只有在这种威胁是可信威胁的情况下，进入企业才会放弃进入。在位者需要采取相应措施做出可信威胁。最为常用的措施是通过研发投入改进自身技术降低成本。在位者的成本越低，进入者的进入行为产生利润的可能性就越小，从而进入者会放弃进入。在这一博弈过程中，进入者的进入行为促进了在位者的技术进步。这种技术进步就促进了企业生产率的增长。微观主体生产率的增长，带动行业和部门生产率增长，这也是结构变动促进生产率增长的一种渠道。

第四节　小结

本章分为三个部分：首先，界定了研究对象，也就是制造业结构变动的具体内涵，并说明制造业结构变动的一般趋势；其次，具体分析了影响制造业结构变动的相关因素；最后，说明结构变动促进部门生产率增长的机制。具体内容总结如下。

第一，制造业结构就是指其内部 31 个两位数行业所占的比重及其相互之间的关系。由于行业众多并且行业间存在错综复杂的投入产出关系，制造业结构变动存在一定的复杂性。根据多数国家发展历程，制造业结构变动的大致路径是：从产出角度来看，制造业结构逐渐从生产消费品行业占主导地位，过渡到中间产品、资本品行业占主导地位；从生产过程的要素密集度来看，逐渐从劳动密集型，过渡到资本密集型，再过渡到技术密集型。

第二，具体分析影响制造业结构变动的主要因素，包括消费需求、技术进步、要素禀赋以及制度供给。其中，消费需求对制造业结构的影响，主要是需求收入弹性差异所导致的，随着收入增加，一些消费品行业产出的需求快速膨胀，这一方面带来了该行业比重的上升，同时又通过投入产出关系影响到相关资本品和中间产品行业。技术进步对制造业结构的影响，需要区分不同类别行业。从理论上讲，要素禀赋对制造业结构变动的影响在发展中国家体现最为显著。对于发展中国家而言，其处于技术追赶阶段，技术路线非常明确，因此和发达国家不同，要素禀赋决定其结构状况。制度供给对制造业结构的影响，一方面表现为转型国家市场化过程中，价格机制逐渐发挥作用所带来的结构变动，另一方面表现为具体制度对制造业结构的影响，例如契约维护制度。

第三，分析制造业结构变动影响部门生产率增长的机制。制造业结构变动的实质是要素在不同行业之间的进入和退出，促进部门生产率增长的机制可以概括为：要素从低生产率行业到高生产率行业推动部门生产率提高，这被称为产业间要素流动机制；要素流入某些行业加深了行业内分工程度，从而推动部门生产率提高，这被称为产业内分工深化机制；另外，要素在行业间的流动同时带来了外部规模经济以及企业间激烈的竞争，这也会促进部门生产率提高，被称为企业效率提升机制。

第四章　中国制造业结构变动及其
生产率效应的实证分析

自改革开放以来，中国经济保持了 30 多年高速增长，被誉为
"增长奇迹"。其中，制造业是创造我国经济"增长奇迹"的关键行
业。制造业产出飞速增长和制造业结构的剧烈变动同时发生。根据
新古典经济增长理论，要素投入增长只能解释人均产出增长的一部
分，余下的部分被归入"增长残差"，这也是经济持续增长的动力。
"增长残差"受到多种因素的影响，结构变动被认为是影响生产率变
动的重要因素。本章首先从不同角度描述改革开放以来我国制造业
结构变动状况；其次，从总体上分析改革开放以来，我国制造业结
构变动对部门生产率的促进作用。

第一节　改革开放以来我国制造业结构演变

为了更为全面地分析改革开放后制造业结构变动，本节从不同
层次、不同角度进行说明。首先，从整体上考察制造业结构变动的
程度；其次，分别从投入产出角度和要素密集度角度对制造业行业
进行分类，研究不同类型制造业结构变动的趋势；最后，在以上分
析的基础上，选取典型制造业行业，具体分析其比重变动过程。

一　制造业总量增长趋势

考察我国制造业结构演变的过程，数据是一个关键问题。搜集数据

过程中面临着行业分类改变和统计口径改变的困难。从改革开放至今，国家统计局的国民经济统计核算经历了几次行业分类的变换。我国于1984年发布了《国民经济行业分类标准》（GB/T 4754）。其后，这一标准在1994年、2002年和2011年经历了三次修订。这些修订导致了制造业部门中行业划分的变化。其次，改革开放后统计口径也发生了改变。1997年之前对工业的统计采用"乡及乡以上工业企业"，而1997年后采用"全部国有以及规模以上非国有工业企业"。另外，改革开放之初的数据统计存在缺失现象。这里我们估算全部制造业企业细分行业的增加值、资本和劳动力数据。这些指标均需要处理一下统计口径和行业分类变化的问题，我们首先说明对这两个问题的处理办法。第一，统计口径处理办法。1997年之前我国工业企业的统计口径是"乡及乡以上工业企业数据"，其后则采用"规模以上工业企业数据"。为了统一口径，我们把口径统一为全部工业企业口径。1997年之前根据乡及乡以上工业企业统计总产值占全部工业统计指标的比重，将乡及乡以上工业企业指标转换为全部企业统计口径。1998年之后统计口径的转换则依赖2004年、2008年我国经济普查中获得的全部企业统计口径数据，1998～2003年数据依据2004年规模以上工业企业工业总产值占全部工业企业比重进行调整，而2005～2011年则依据2008年比例进行调整。第二，处理行业分类的变化。我国行业分类标准经历4次变化，其中1984年的变化最大。1980～1983年的行业分类与1984年新的行业分类差距比较大。1980～1983年行业分类比较粗。根据1988年《中国工业经济统计年鉴》中工业部门分类对应目录，将每一个工业部门划分为对应的细分行业，划分的比例按照1984年细分行业在工业部门的总产值比重。另外，1984～1993年行业划分和1993年之后行业划分比较接近，只需处理食品工业和机械工业数据，进一步细分为食品制造业和农副食品加工业，专用设备制造业和通用机械设备制造业。还有一些细分行业在1993年之后发生了调整，如1984～1993年的饲料工业，在1993年之后归并到农副食品加工业，我们将1984～1993年饲料工业指标并入农副食品加工业。具体不同指标的计算方法如下。

计算分行业增加值需要处理两个主要问题，一是2008年之后增加值缺失问题；二是计算增加值过程中价格指数选择。

首先，由于官方统计范围的变化，2009～2012年《中国统计年鉴》关于工业部门的统计仅收录了"规模以上工业企业"的工业总产值数据，并未直接给出规模以上工业企业的增加值数据。在这里考虑利用工业总产值计算工业增加值。2008年之前的《中国统计年鉴》中存在一个工业分行业增加值率指标，这一指标和工业分行业总产值、工业分行业增加值的关系如下：[①]

工业分行业增加值 = 工业分行业总产值 × 工业分行业增加值率

2008年之前的《中国统计年鉴》中有工业分行业增加值、分行业总产值和分行业增加值率。然而，2008年之后的统计年鉴没有工业分行业增加值率这一指标，也就没有工业分行业增加值。工业增加值率和企业效率密切相关，随着技术进步、技术效率以及劳动分工的提高，工业增加值率会发生变动。通过考察2008年之前的《中国统计年鉴》发现短期内这一指标变动不大，以农副食品加工业为例，2005年、2006年以及2007年行业增加值率分别是30.91%、31.12%及30.66%。所以考虑利用2007年的工业增加值率计算出2009年、2010年、2011年的工业增加值。计算公式如下：

某年行业增加值 = 某年行业总产值 × 2007年行业增加值率

使用这一方法的优点：一方面提高数据的时效性；另一方面由于工业增加值率短期内变化不大，保证了数据的准确性和可信性。另外，在所使用的全部数据中，这些推算数据所占比重较低，应该对统计结果影响不大。

其次，统计年鉴中给出的增加值均是利用当年价格核算的，这就包含了价格变动的影响。为了不同年份之间进行比较，必须消除

---

① 这一点可以从2008年之前历年《中国统计年鉴》得到证明。

价格变动的影响。这里我们以 1990 年为基期利用价格指数缩减法计算可比的工业增加值。利用价格指数缩减方法计算可比的工业增加值有两种方法，第一种是利用工业品出厂价格直接缩减工业增加值；第二种是将工业增加值看作工业总产值减去中间产品，利用工业品出厂价格缩减工业总产值，利用原材料、燃料、动力等价格指数缩减中间产品，由此得到缩减过的工业增加值。显然，第二种方法更为合理。价格指数的来源如下：工业品出厂价格指数以及原材料、燃料、动力等价格指数均来自《2011 年中国城市（镇）生活与价格年鉴》。该年鉴中中间产品的价格指数并没有根据工业行业分类统计，而是分为燃料动力类、化工原料类、纺织原料类等 9 个类别。我们在计算过程中根据行业的中间投入选择不同的类别的价格指数。

在发达国家工业化过程中制造业是推动其经济发展的核心部门。改革开放后我国制造业部门发展迅速，甚至可以说是促进整个经济增长的发动机。2010 年中国制造业产出占世界制造业产出比重首次超过美国，成为世界制造业第一大国。改革开放后我国制造业增加值的增长情况如图 4-1 所示。另外，图 4-2 显示了同期不同国家制造业产出增长率。

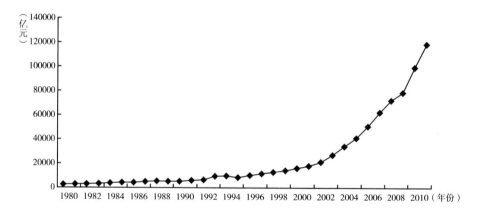

图 4-1 1980~2011 年制造业增加值

资料来源：作者整理。

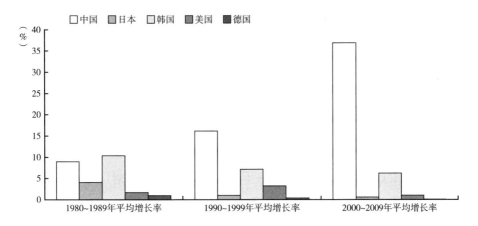

图 4 - 2　制造业产出增长速度的国际比较

资料来源：世界银行网站（http：//www. worldbank. org/）。

　　无论是图 4 - 1 中我国制造业产出绝对数量的变化，还是图 4 - 2 中制造业产出增长率的国际比较，均说明 1980 ~ 2011 年我国制造业处于快速增长状态。从图 4 - 1、图 4 - 2 可知，我国制造业 2000 年之后加速发展，其原因包括以下几个方面，首先，20 世纪 90 年代迅速推进的市场化改革以及国有企业改革为制造业迅速发展提供了稳定的制度环境。其次，加入世贸组织为制造业迅速发展提供了良好的国际环境。加入世贸组织后，广阔的世界市场和大量涌入的外商直接投资分别从需求和供给角度推动了我国制造业迅速发展。当然，较低的土地、劳动力成本在这一过程中起到了催化剂的作用（Zheng，J.，Bigsten，A.，Hu，A.，2009）。并且，2000 年之后我国加速推进的城镇化过程也要求制造业部门快速发展，为其提供相应的物质保证。

二　投入产出关系视角下中国制造业结构演变

　　制造业内部不同行业间存在复杂的投入产出关系。依据不同行业在投入产出关系中所处的位置，将其分为消费品行业、中间产品行业和资本品行业。行业间的技术经济联系决定了不同类型行业间

需要保持一定的比例关系才能保证经济协调发展以及工业化进程快
速推进。钱纳里在研究工业化国家制造业结构变动过程中对这一分
类进行扩展，将制造业行业分为四个大类：消费品行业、重工业中
间产品行业、轻工业中间产品行业和资本品行业（霍利斯·钱纳里，
1995）；并发现工业化过程中资本品行业增长最快，其次是重工业中
间产品行业，最后是消费品行业。根据钱纳里的划分方法，对我国
制造业行业进行分类（见表 4－1），并分析不同类型行业产出比重
的变动趋势（见图 4－3）。

由图 4－3 可知，资本品行业比重在改革开放后一直呈现快速
上升趋势，中间产品行业比重迅速下降。重工业中间产品行业比
重的下降幅度是 37%，超过轻工业中间产品和消费品行业的下降
速度。

表 4－1　依据投入产出联系的制造业行业分类

大类	行业
消费品	农副食品加工业,食品制造业,饮料制造业,烟草制品业,纺织业,纺织服装、鞋、帽制造业,皮革、毛皮、羽毛(绒)及其制品业,文教体育用品制造业,家具制造业
轻工业中间产品	木材加工及木、竹、藤、棕、草制品业,造纸及纸制品业,印刷业和记录媒介复制业
重工业中间产品	石油加工、炼焦及核燃料加工业,化学原料及化学制品制造业,医药制造业,化学纤维制造业,橡胶制品业,塑料制品业,非金属矿物制品业,黑色金属冶炼及压延加工业,有色金属冶炼及压延加工业,金属制品业
资本品	通用设备制造业,专用设备制造业,交通运输设备制造业,电气机械及器材制造业,通信设备、计算机及其他电子设备制造业,仪器仪表及文化、办公用机械制造业

资料来源：作者整理。

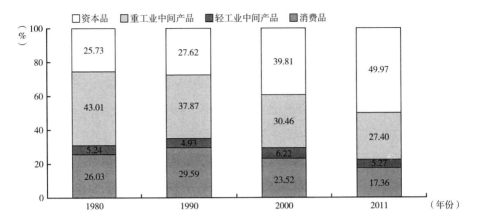

图 4 - 3　消费品行业、中间产品行业和资本品行业产出比重变动

资料来源：作者整理。

由此推知，改革开放后资本品行业发展最快，中间产品行业尤其是重工业中间产品行业发展最慢。因此，我国制造业结构变动和钱纳里的研究结论存在一定的差异。这种差异性主要体现为我国重工业中间产品的增长速度最慢，而钱纳里对其他国家的研究则发现消费品行业增长最慢。从时间区间来看，我国重工业中间产品行业比重下降最快的阶段是 1980 ~ 2000 年，2000 年之后比重下降比较缓慢，基本趋于稳定。重工业中间产品行业中比重下降较为显著的行业是石油加工业、化学原料及化学制品业以及黑色金属冶炼行业。其中，石油加工业占国民经济的比重从 1980 年的 7.61% 下降到 2011 年的 0.5%。[①] 该行业比重的下降主要体现了我国资源存储量的限制，我国丰富的煤炭资源存量决定了生产活动中需以煤炭替代石油，因此石油加工行业的比重呈现迅速下降的趋势（黄磊、周勇，2008）。和其他国家相比，我国重工业中间产品行业增长相对缓慢还受到其他因素的影响，一是改革开放初期这类行业比重的下降可以认为是纠正了我国改革开放前不合理的制造业结构；二是全球化背

———————————

① 根据历年统计年鉴数据，计算得到。

景下，国家之间的垂直专业化分工，促进了我国通信设备、计算机及其他电子设备等行业的超常规发展，这也在一定程度上降低了重工业中间产品行业占制造业部门的比重。

为了进一步考察我国制造业结构变动的特点，将改革开放后我国消费品行业、中间产品行业和资本品行业的产出增长状况与日本、韩国、土耳其以及南斯拉夫 20 世纪 50～70 年代的情况进行对比。20 世纪 50 年代末至 70 年代初是南斯拉夫、土耳其、日本以及韩国工业化进展最快的时期。这段时间内制造业产出快速增长，其中日本 2/3 以上的制造业部门的增长率为 9%～15%，韩国是 17%～27%，土耳其是 9%～18%，南斯拉夫是 6%～13%（钱纳里，1989）。与以上国家相比，改革开放后我国制造业增长速度更快。为了和这些国家工业化时期制造业分行业产出增长率相比较，将我国相关制造业行业合并后计算出相应的产出增长率，如表 4－2所示：

表 4－2　各国工业化时期制造业行业产出增长速度

单位：%

类型	行业	中国	日本	韩国	土耳其	南斯拉夫
消费品	食品加工	34.75	9.36	16.09	8.47	7.20
	纺织	31.34	7.49	18.88	9.47	9.77
	服装	27.47	12.52	23.34	18.30	—
	皮革	25.29	11.15	25.20	6.41	11.69
轻工业中间产品	木材	27.44	7.94	16.32	7.35	10.85
	家具	23.60	11.83	13.49	12.37	—
	纸制品	29.72	11.25	19.41	13.53	10.77
重工业中间产品	化工	35.53	12.23	21.33	15.23	12.14
	石油和煤炭	21.08	15.28	22.81	16.60	10.09
	橡胶	25.84	9.79	20.90	19.19	13.19
	玻璃、石料、黏土	32.03	12.43	18.93	12.80	8.90
	基底金属	33.13	12.11	25.68	14.98	6.08

续表

类型	行业	中国	日本	韩国	土耳其	南斯拉夫
资本品	合金	29.43	14.33	22.19	7.57	12.58
	机械	34.07	15.90	23.01	17.61	—
	电力机械	34.52	18.26	36.00	19.34	15.55
	运输设备	35.00	16.39	28.68	19.48	3.09

资料来源：中国的数据由作者整理，其他国家数据来自霍利斯·钱纳里等《工业化和经济增长的比较研究》，上海三联书店、上海人民出版社，1995。

注："—"表示数据缺失。

食品加工主要包括：食品制造业和农副食品加工业、饮料制造业、烟草制品业。纸制品包括造纸及纸制品业、印刷业和记录媒介的复制。化工包括化学原料及化学制品制造业、医药制造业、化学纤维制造业。玻璃、石料黏土主要包括非金属矿物制品业。基底金属包括黑色金属冶炼及压延加工业、有色金属冶炼及压延加工业。合金包括金属制品业。机械包括通用设备制造业和专用设备制造业。

总体上，表4-2反映出我国各个行业的平均增长率高于其他国家，其原因是计算我国平均增长率的时间跨度比较长，从1980年一直计算到2011年，较低的初始值导致较高的平均增长率。其他国家的时间跨度基本上在10年到15年之间。由于本书的研究以同一国家不同行业间的比较为基础，因此不同时间跨度不会影响本书的结论。

首先，从行业大类来看，我国行业发展的规律和其他国家工业化过程相似，均表现出资本品行业快速增长。在1980~2011年期间，我国资本品行业中，只有合金行业的平均产出增长率低于30%，其余资本品行业的平均产出增长均高于34%。其他国家工业化过程中，资本品行业的平均增长率排名也比较靠前。

其次，具体到不同类别行业，存在以下特点。第一，我国消费品行业内部的结构变动和日本、韩国、土耳其以及南斯拉夫相比呈现明显差异。我国消费品内部增长最快的行业是食品行业，改革开放以来该行业增加值的增长率是皮革行业的1.37倍。而日本、土耳其、南斯拉夫、韩国工业化时期服装、皮革等行业增长速度明显高于食品行业。我国食品行业快速发展的主要原因是 20 世纪 70 年代末农村经营制度变迁。改革开放前食品行业比重偏低，很大程度上是因为食品行业是农业在制造业方面的延伸，改革开放之前农业经营制度限制了农业生产率的提高，降低了农业产出水平，受农业原料供给的约束，食品行业发展速度较慢。农村经营制度改变，带来了农产品产出迅速增长，从而带动了制造业中食品行业快速发展。消费品内部结构变动的多样性趋势也在一定程度上说明了制造业内部结构变动的复杂性，多种因素影响两位数细分行业的发展，因此，很难总结细分行业变动的规律。第二，我国资本品细分行业与日本、韩国、土耳其显示出类似的发展规律。日本、韩国和土耳其的数据显示，资本品细分行业发展的突出特点是电气机械、运输设备行业的快速增长。日本、韩国以及土耳其的数据显示，运输设备和电气机械行业的平均增长率位于所有制造业行业的前两名。就我国而言，运输机械和电气行业的平均增长率分别为 35.00% 和 34.52%，是所有资本品行业中增长最快的。可以说，我国资本品行业内部也体现出运输机械和电气行业快速发展的态势。资本品内部的这一变动趋势，实际上是由行业间的技术经济联系所决定的。

三　要素密集度视角下中国制造业结构演变

上一节从投入产出角度对制造业行业分类，考察消费品行业、中间产品行业以及资本品行业变动的趋势。实际上，还可以按照要素密集度，将制造业行业划分为劳动密集型行业、资本密集型行业、技术驱动型行业以及市场驱动型行业等。改革开放后我国的经济快速增长，一方面各种要素供给发生了改变，企业的技术能力、市场能力不断提高；另一方面我国的经济增长所面临的资源、环境约束日趋紧张，也要求我们从依赖有形要素投入的粗放型经济增长方式，转变为依赖技术等知识投入的集约型增长方式。因此，有必要从要素密集度出发考察制造业结构变动趋势。

（一）依据要素密集度的制造业行业分类

按照要素密集度对行业进行分类时，较多的文献只考虑劳动和资本两种要素，从而将制造业行业划分为劳动密集型和资本密集型。近期的经济学研究更为强调一些无形要素在产业发展过程中的作用。这种倾向在经济学的不同分支中都有体现。在经济增长研究中，新古典经济增长理论以常数规模报酬及要素边际产出递减为假设条件，认为不同国家人均产出增长率是条件收敛，在没有外生技术进步的情况下，均衡状态时一个国家人均产出是稳定的。然而，后来的内生经济增长理论强调知识积累、人力资本投资的重要作用。这类无形要素的边际产出并不随要素投入的增加而递减，这就出现了规模报酬递增，从而能够产生持续的经济增长（Arrow，1962；Grossman，1993）。研发以及广告费用等无形投入还改变了产业组织理论的一些固有观点。传统观点认为随着市场规模的扩大，市场集中度往往出现下降趋势。然而，Sutton（1991，1996）的研究发现，如果考虑到研发和广告投入，即便是在市场规模明显扩张的情况下，市场集中度也不会出现大幅度下降。这些无形要素投入保证了一个最低的市场集中度，无论市场规模如何增加，都不会低于这一集中度。

鉴于无形要素在经济发展中发挥越来越重要的作用，本书的研究不仅考虑有形的劳动和资本投入，而且考虑研发和广告等无形要素投入。研发投入所带来的"创造性毁灭"是一些产业发展的最大动力，广告投入在技术进步不能带来较大产品差异的行业中尤为重要。在确定所考虑的投入要素后，可以依据相关要素密集程度的指标进行行业分类。其中，衡量劳动密集度、资本密集度、研发投入强度的指标相对容易获取，但很难找到衡量广告投入强度的指标。因此，本书的分析直接参考 Peneder（2002）的研究成果，将我国制造业分为劳动密集型、资本密集型、技术驱动型、市场驱动型。具体分类如表 4 - 3 所示。

表 4 - 3　按照要素密集度的行业分类

类型	行业
劳动密集型	纺织业,金属制品业,家具制造业,木材加工及木、竹、藤、棕、草制品业,皮革、毛皮、羽毛(绒)及其制品业,纺织服装、鞋、帽制造业
资本密集型	有色金属冶炼及压延加工业,黑色金属冶炼及压延加工业,化学纤维制造业,石油加工、炼焦及核燃料加工业,造纸及纸制品业
技术驱动型	仪器仪表及文化、办公用机械制造业,通信设备、计算机及其他电子设备制造业,交通运输设备制造业,专用设备制造业,医药制造业,化学原料及化学制品制造业
市场驱动型	农副食品加工业,食品制造业,饮料制造业,印刷业和记录媒介的复制业,文教体育用品制造业

资料来源：作者整理。

(二) 不同要素密集型行业的结构变动趋势

改革开放后劳动密集型、资本密集型、技术驱动型、市场驱动型增加值比重的变化趋势如图 4 - 4 所示。

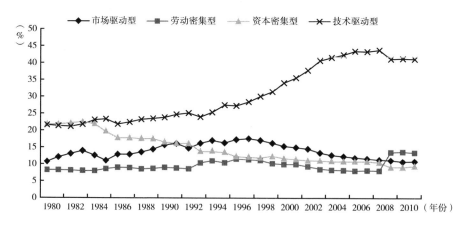

图 4 - 4　各类制造业行业增加值比重变化情况

资料来源：作者整理。

　　由图4-4可知，最显著的结构变动趋势是技术驱动型行业增加值比重的大幅度增加。1996年之前该行业比重呈现稳定增加的趋势，此后比重增加速度明显加快。我国科技投入的增加是技术驱动型行业快速发展的关键。我国R&D经费支出占国内生产总值的比重从1996年的0.57%增长到2011年的1.84%（李红艳，2011）。另外，技术密集型行业自身的R&D投入强度也呈现出逐渐增加的趋势，以医药产业为例，其R&D投入强度从1997年的0.56%增长到2011年1.63%（国家统计局等，2012）。需要指出的是，技术驱动型行业比重增加在很大程度上来自通信设备制造业规模的迅速扩大。整个技术驱动型制造业比重从1980年的21.51%，扩大到2011年的43.93%，上升了22.42个百分点，其中通信设备制造业的增加值比重在这一期间上升了17.13个百分点。也就是除通信设备制造业之外的其他技术密集型行业，如医药制造业、交通运输设备制造业等5个行业的增加值比重在30多年间仅上升了5.29个百分点。

　　劳动密集型制造业总体上呈现下降趋势。从理论上讲，改革开放后由于农村剩余劳动力的大量转移，劳动密集型行业在改革开放初期应该有一个上升阶段，然而我们的研究并没有发现这种情形。并且其他文献中也并没有发现改革开放后劳动密集型行业产出比重快速增加的阶段。例如，徐建荣（2008）研究发现劳动密集型制造业增加值增长的速度普遍慢于整个制造业部门的增长速度，周达（2007）的研究也得出了同样的结论。为了更全面考察劳动密集型行业比重变动的趋势，本书进一步分析这些行业劳动力比重变动状况（见图4-5）。图4-5表明劳动力密集型行业的劳动力比重在1980~1991年经历了一个上升时期，从21.37%上升到27.56%，此后呈现下降趋势。因此，无论是从产出角度，还是从劳动力角度看，劳动密集型行业比重均没有出现大幅度增加的状况。虽然按照我们的分类并没有出现劳动密集型行业迅速增加的阶段，但是不能以此断言我国制造业结构变动背离了丰富劳动力的比较优势，与国外先进水平相比，我国技术驱动型行业更多处于产业链的中低端，更多集中在加工组装环节，这些行业发展需要较多的劳动力资源，其发展也吸收了一部分劳动力。另外，值得注意的是劳动密集型行业的劳动力比重在2006年之后下降速度加快，出现这种情况的原因是我国劳动力资源日益稀缺，2004年出现"民工荒"、2006年出现"普工荒"，均是劳动力资源日益稀缺的表现。

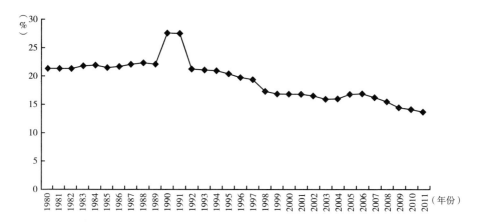

图4-5 劳动密集型行业劳动力比重变化趋势

资料来源：作者整理。

市场驱动型行业的增加值比重呈现先增加后减少的趋势。市场驱动型行业增加值比重的变动趋势与其行业特点密切相关，一是行业产品价值在很大程度上由其附加值决定，如饮料行业；二是行业系统性比较强，这种系统性主要是指生产者需要管理一个综合的生产、销售系统进行经营活动，成功经营需要不同环节间的相互配合，如食品制造业。因此，该行业的发展更多地依赖对生产和销售系统的管理能力。这种管理能力也是一种知识投入，获取这种知识比获取技术知识更难，因为许多技术知识附着在机械设备上，因此可以通过交易获取。而管理能力的提高只能"干中学"，逐步累积相关经验。改革开放初期到1997年，市场驱动型行业增加值比重处于上升趋势，其间增加值比重共上升 7.41 个百分点。1997 年之后，其比重开始下降，2011 年增加值比重为 10.8%。1980 ~ 1997 年期间，其比重上升在很大程度上是由收入增长带来需求增加所拉动的。一旦需求不能持续膨胀，该行业比重的增加就要依赖其单位产出价值的提高。由于管理能力和知识积累是一个循序渐进的过程，1997 年之后，这些行业比重出现下降的趋势。与其他国家相比，我国市场驱动型行业比重偏低。1997 年是该类行业增加值比重最高的年份，但也只有 17.5%，而 1998 年欧洲、美国和日本的市场驱动型行业占其增加值比重的 22.3%。

资本密集型行业在改革开放后呈现下降趋势。在 1996 年之前的下降速度非常快，1980 ~ 1996 年的 17 年间该类行业增加值比重共下降 9.5 个百分点，年均下降 0.55 个百分点，而 1996 ~ 2011 年 16 年间其比重共下降 2.16 个百分点，年均下降 0.13 个百分点。资本密集型行业的变动趋势基本符合我国要素禀赋变动的情况。资本密集型行业在改革开放后尤其是 1996 年之前的快速下降是对改革开放之前制造业结构扭曲的纠正。改革开放初期我国劳动力资源丰富而资本稀缺，资本密集型行业并不是我国的优势行业。我们可利用显示性比较优势指数说明我国制造业行业的比较优势状况。显性比较优势指数 $RCA_{i,j}$ 能够反映 i 国 j 产业的比较优势的程度。该指数取值范围为 $(0, \infty)$，该指标小于 1 说明该国在 j 产业处于比较劣势，大于 1 则说明该国在 j 产业存在比较优势，其值越大说明比较优势程度越高。1992 年我国不同制造业行业的比较优势指数显示，化学纤维制造业、造纸及纸制品业存在明显的比较劣势，这两个行业的 RCA 指数小于 0.25，其余黑色金属冶炼行业、有色金属冶炼以及石油加工行业的 RCA 指数小于 0.6（高敬峰，2008）。在资本要素稀缺的情况下，我国资本密集型行业产出比重在改革开放后经历了明显下降阶段。在 1996 年之后资本密集型行业下降速度很慢，尤其是 2003 年后比重基本稳定在 10% ~ 11%。这种变化趋势反映了经济增长过程中资本要素的不断积累，改变了我国的要素禀赋，一些资本密集型行业的比较优势状况开始发生变化。以 2006 年为例，黑色金属冶炼行业的 RCA 指标大于 1，说明该行业已经从我国的比较劣势行业转变为比较优势行业。尽管化学纤维行业的 RCA 指标仍然小于 1，但其值从 1992 年的 0.07 上升到 2006 年的 0.54，这说明该行业的比较劣势程度逐渐降低（高敬峰，2008）。

根据以上分析，以 1996 年为界对我国改革开放后制造业结构变动状况进行总结。首先，1996 年之前的制造业结构变动存在两个明显特征，一是不同类型行业比重的变化幅度较小。四大类行业的波动幅度均在 5%～10% 之间。其中，技术密集型、市场驱动型比重处于上升趋势，而资本密集型和劳动密集型比重呈现下降趋势。二是1996 年之前不同类型行业比重波动频繁，这主要反映了 1996 年之前市场机制不健全，我国经济发展状况容易受到政府政策的影响，经常出现"一放就活，一抓就死"的宏观经济波动。其次，1996 年之后制造业结构变动的特征主要体现为技术密集型行业比重的飞速增加，其余四个行业比重均处于下降趋势，但下降幅度并不大。资本密集型行业下降幅度很小，基本可以认为其比重相对稳定，下降幅度最大的市场驱动型行业的比重共下降 7 个百分点。另外，1996 年之后行业产出比重变动趋势比较稳定，没有出现 1996 年之前频繁波动的状况，这也说明随着市场化改革的推进，资源配置更多地由市场决定，宏观经济发展较少地受到政策影响。

四 典型制造业行业的比重变动趋势

上面的分析有助于我们了解不同类型行业结构变动趋势，然而即便是在同一类型中，不同行业的比重变化趋势很不相同，因此，在本小节中我们选择四个典型的两位数制造业行业分析其比重的波动状况。这四个行业分别是纺织业，黑色金属冶炼行业，通信设备、计算机及其他电子设备制造业，交通设备制造业。其中，纺织行业、黑色金属冶炼行业在改革开放初期产出比重最大，同时也是改革开放后产出比重下降最为显著的两个行业。而交通设备制造业和通信设备、计算机及其他电子设备制造业是改革开放后产出比重上升最为显著的两个行业，2011 年其产出比重位于制造业前两名。

图 4-6 显示了四个典型行业改革开放后比重变动情况。在改革开放前，我国纺织业就已形成较好的产业基础，1980 年该行业占制造业增加值的比重接近 14%，也是所有制造业行业中比重最高的行业。1980~2011 年纺织业增加值比重下降了 9.36 个百分点，是比重下降幅度最大的行业。改革开放后到 1996 年是该行业比重下降最为迅速的时间，共下降 6.77 个百分点。该时期内纺织行业比重的快速下降一定程度上体现了对改革开放前过高行业比重的调整。实际上 1980~1996 年期间劳动密集型的五个行业中只有纺织业增加值比重呈下降趋势，其余四个行业（皮革制品业、木材加工业、家具制造业以及金属制品业）所占比重均呈上升趋势。可以说改革开放后我国劳动密集型行业之所以没有出现上升趋势，很大程度上是纺织业产出比重的大幅度下降抵消了其他劳动密集型行业比重的增加。1996 年之后纺织业下降趋势逐渐趋缓，1997~2011 年期间比重共下降 2.35 个百分点。这一时期其他四个劳动密集型行业产出比重均呈现下降趋势，因此，这期间纺织行业产出比重的下降更多地反映了我国劳动力资源日渐稀缺背景下劳动密集型行业并不占优势的情形。

黑色金属冶炼及压延加工业是经济发展中的基础性行业。其行业特性决定了其在工业化进程中的重要地位，一般而言该行业在工业化快速发展阶段其产出比重明显上升。具体到我国而言，黑色金属冶炼行业比重的变化可以分为三个阶段：1980~1989 年增加值比重相对稳定，1990~1996 年的比重明显下降，1997~2011 年比重稳中稍降。1980~1989 年期间我国黑色金属冶炼行业处于短缺状态（江飞涛，2008）。但是旺盛的需求并没有带来这一时期行业比重的快速上升，主要原因是当时的体制因素限制了民间资本进入

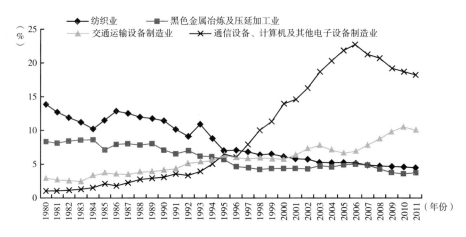

图 4-6   四个典型行业产出比重变化

资料来源：作者整理。

该行业，另外，资本密集型的特点决定了进入该行业需要大量的原始投资，改革开放初期资本的稀缺性也限制了该行业的发展。实际上在改革开放初期，黑色金属冶炼行业是国家重点支持的行业，例如，举全国之力建设宝钢。进入 20 世纪 90 年代之后，黑色金属冶炼行业比重明显下降的趋势和我国政府限制进入的产业政策有密切关系。改革开放后的财政分权，激发了地方政府大力发展本地经济的积极性，具体表现为地方政府直接进行各种投资。在 20 世纪 80年代钢铁市场供不应求的背景下，黑色金属冶炼行业成为地方政府投资的重点行业。一方面地方政府的投资规模比较小，不能享受到黑色金属冶炼行业规模经济的优势；另一方面政府行为的盲目性容易导致产能过剩的状况。1994 年我国政府加强对钢铁项目审批，防止地方政府重复建设。在这一背景下，我国黑色金属冶炼行业发展速度变慢，其比重出现下降趋势。进入 21 世纪之后，黑色金属冶炼行业比重比较稳定，甚至还出现了 2002～2006 年期间的小幅上升。其主要原因是 2000 年后城镇化加速发展以及房地产市场的繁荣拉动了钢铁行业的市场需求。

通信设备、计算机及其他电子设备制造业是改革开放后发展最快的行业。根据增长速度的不同，将通信设备、计算机及其他电子设备制造业的发展分为三个阶段，1980～1993年稳步攀升，1994～2006年快速增长，2006～2011年比重下降。1980～1993年通信设备、计算机及其他电子设备制造业比重上升更多地来自市场需求的不断膨胀。改革开放后随着收入的提高，对通信设施以及家庭视听设备的需求逐渐增加。由于缺少更为细分行业的数据，我们只能从居民电视机拥有量的变化说明消费需求膨胀对通信设备制造业的拉动作用。1985年城镇居民每百户拥有电视机17.2台，而1996年是93.5台。消费者对通信设备产品的需求增加更快，以北京市为例，1949～1983年北京电话容量是2万门，而1984年一年新增容量10万门。因此，1980～1993年期间通信设备、计算机及其他电子设备制造业的发展更多来自国内需求的快速增加，外资并没有对该行业的发展产生太大的影响。而1994～2006年间通信设备、计算机及其他电子设备制造业比重的快速上升则更多来自外商直接投资所带来的资本和技术的推动作用。2005年通信设备、计算机及其他电子设备制造业"三资"企业市场占有率近86%。可以说外商直接投资是促进这一时期通信设备、计算机及其他电子设备制造业比重增加的最重要因素。需要进一步指出的是，通信设备、计算机及其他电子设备制造业增加值比重在2006年之后呈现明显的下降趋势。这种下降一方面来自国际金融危机的影响，另一方面，我国土地、劳动力成本的上升也影响了该行业外资的流入，从而造成产出比重下降的趋势。

交通运输设备制造业比重在改革开放后一直处于上升趋势，不过在2000年之后上升速度明显加快，1980～2000年的21年间增加值比重共上升2.73个百分点，2001～2011年的11年间该行业增加值比重上升4.28个百分点。交通运输设备制造业主要包括铁路运输设备制造、汽车制造、航空航天器制造业以及摩托车制造等。其中，汽车制造业在整个交通运输设备制造业中占有主导地位，2011 年汽车制造业营业收入占整个交通运输设备制造业营业收入的 74.5%。改革开放前我国汽车行业技术基础薄弱，产量比较低，1978 年全国汽车产量只有 14.9 万辆（黄若奕等，2013）。改革开放后我国采用引进技术、合资生产以及"市场换技术"等措施提升该行业的技术水平。通过这些措施，我国汽车行业逐渐掌握了多数汽车零配件的技术。但是汽车行业的发展有其自身规律，一方面其发展受到技术水平的限制，另一方面需求也是推动该行业发展的重要因素。世界银行的研究发现，一个国家的人均国内生产总值达到 1000～2000 美元时，开始进入大众汽车消费时代，此后随着人均国内生产总值的增加，汽车需求量迅速升高。2001 年我国人均国内生产总值超过 1000 美元；另外，2000 年之后我国高速公路等交通基础设施迅速发展，政府相继出台了促进汽车消费的政策，如汽车消费信贷等。这些因素都促进了我国汽车产业在 2000 年之后迅速发展。国家统计局 2011 年的调查显示，我国城市每百户汽车拥有量从 2002 年的 0.9 辆增加到 2011 年的 18.6 辆。这一数据也说明 2000 年之后汽车需求量的扩大是推动我国汽车行业快速发展的重要力量。

第二节　中国制造业结构变动生产率
效应的实证分析

通过结构变动促进生产率提高是现代经济增长的显著特征。库兹涅茨认为："如果不存在部门间份额的显著变动，人均产出的迅速增长就不可能实现"（库兹涅茨，1985）。根据本书第三章理论部分的分析可以知道，结构变动能够通过产业间配置效率、产业内分工效率以及对企业效率的影响等促进部门生产率的提高。近期的一些文献把结构变动促进部门生产率提高的效应称为"结构红利"

（Timmer & Szirmai，2000）。根据第一节的分析可知，改革开放以来，我国制造业结构发生明显改变，本节衡量制造业结构变动是否促进了制造业部门生产率的增长。

一　研究思路设计

在经济学研究中，生产率（productivity）是考察生产过程中投入要素转化为产出的效率。经济统计过程中的生产率指标包括偏要素生产率（也称为单要素生产率，single factor productivity）和全要素生产率（total factor productivity）。偏要素生产率是衡量生产率的传统指标，如劳动生产率、资金产值率等。但是实际生产过程需要同时使用资本和劳动，并且这两种要素之间存在替代关系，在产出不变的情况下，资本替代劳动导致劳动投入数量减少、资本投入数量增加，从而，劳动生产率增加，资本生产率减小。在这种情况下，使用偏要素生产率很难反映全部要素的产出效率，因此出现了全要素生产率这一指标。全要素生产率通过总产出和综合投入要素的比例反映生产过程的效率，其中综合要素投入是生产过程中所有要素投入的加权平均。本小节的研究选用全要素生产率指标，考察制造业结构变动对部门全要素生产率的影响。

制造业部门结构变动对生产率的促进作用可以用式（4.1）表示：

$$tfp_{str}(t) = tfp(t) - \sum_i \rho_i(t) tfp_i(t) \tag{4.1}$$

其中，$tfp_{str}(t)$ 表示第 t 年制造业结构变动带来的部门全要素生产率增长率，$tfp(t)$ 表示第 t 年制造业部门的全要素生产率增长率，而 $tfp_i(t)$ 表示第 t 年第 i 个细分行业全要素生产率增长率，$\rho_i(t)$ 表示第 t 年第 i 个细分行业产出在制造业部门中所占比重。为了计算制造业结构变动的生产率效应 $tfp_{str}(t)$，需要分别计算历年制造业部门全要素生产率增长率 $tfp(t)$，以及历年细分行业全要素生产率的增长率 $tfp_i(t)$。

　　这里使用随机前沿生产函数法计算细分行业全要素生产率，所谓生产前沿面，是指一定数量的要素投入所达到的最优产出。不同的要素投入组合均对应一个最优产出，所有产出形成的曲面就是生产前沿面（何枫、陈荣、何炼成，2004）。该方法允许企业生产过程中存在技术无效率的情况。随机性前沿生产函数法考虑了随机误差对实际生产过程中产出的影响，并且可以通过设定不同的生产函数形式进行复杂分析。最初的随机性前沿生产函数法将全要素生产率的来源分为两个部分：技术进步和技术效率。Kumbhakar（2000）进一步拓展了这一方法，将全要素生产率增长来源分为四个方面，技术进步、技术效率、规模经济和行业内要素配置效率，如式（4.2）所示：

$$
tfp_i(t) = \underbrace{\frac{\partial \ln f(X_{it}, t)}{\partial t}}_{\text{第Ⅰ部分}} - \underbrace{\frac{\partial u_{it}}{\partial t}}_{\text{第Ⅱ部分}} + \underbrace{(RTS_{it} - 1) \sum_{j=1}^{2} \zeta_{itj} \frac{\dot{X}_{itj}}{X_{itj}}}_{\text{第Ⅲ部分}} + \underbrace{\sum_{j=1}^{2} (\zeta_{itj} - s_{itj}) \frac{\dot{X}_{itj}}{X_{itj}}}_{\text{第Ⅳ部分}}
$$

$$（4.2）$$

　　其中，$f(\cdot)$ 表示生产函数，也即不存在技术效率损失情况下的最大产出量；$u_{it} \geq 0$ 表示第 i 行业第 t 年生产效率的损失，假定其服从非负断尾正态分布；$RTS_{it} = \alpha_i(t) + \beta_i(t)$ 是要素产出弹性的加总；$\zeta_{it1} = \dfrac{\alpha_i(t)}{RTS_{it}}$、$\zeta_{it2} = \dfrac{\beta_i(t)}{RTS_{it}}$ 是 i 行业 t 年劳动和资本的最优投入份额，X_{it} 表示第 i 行业第 t 年的要素投入向量，主要是劳动和资本投入量；s_{itj} 是 i 行业 t 年 j 要素的成本份额。式（4.2）中四个部分分别表示技术进步、技术效率、规模经济和行业内要素配置效率带来的全要素生产率增长率，这四项的加总就是行业全要素生产率的增长率。通过设定生产函数 $f(\cdot)$ 的具体形式估计相应的参数，进而计算出各个部分的数值。这里采用超越对数生产函数，原因是其形式灵活，假设条件比较少，柯布—道格拉斯生产函数实际上是超越对数生产函数的特殊形式。

另外，还需要计算制造业部门全要素 $tfp(t)$。这里采用张军（2003）的计算方法：

$$tfp(t) = y(t) - \alpha'(t)l(t) - \beta'(t)k(t) \qquad (4.3)$$

其中，$y(t)$、$l(t)$、$k(t)$ 分别表示整体制造业部门在 t 时期产出增长率、劳动投入增长率、资本投入增长率。$\alpha'(t)$、$\beta'(t)$ 分别表示标准化后制造业部门的劳动产出弹性以及资本产出弹性，其中 $\alpha'(t) = \alpha(t)/[\alpha(t) + \beta(t)]$，$\beta'(t) = \beta(t)/[\alpha(t) + \beta(t)]$。由于制造业部门的产出弹性不能通过计量回归方法获取。我们借鉴 Syrquin（1984）在研究结构变动的生产率效应时所采用的方法，也就是制造业部门的要素产出弹性等于细分行业产出弹性的加权平均，其中权重是细分行业在制造业部门的产出比重，即 $\alpha(t) = \sum_i \rho_i \alpha_i(t)$，$\beta(t) = \sum_i \rho_i \beta_i(t)$，以此计算制造业部门的产出弹性。其中，细分行业的要素产出弹性通过随机前沿生产函数法获得。

二　实证分析过程及结果

根据上文的分析，为了应用式（4.1）测算改革开放后我国制造业结构变动对部门生产率的影响，需要估计细分行业历年的全要素生产率增长率和制造业部门全要素生产率增长率。为此，我们采用随机前沿生产函数法，并确定生产函数的形式为超越对数生产函数。采用超越对数生产函数的原因在于该函数能够反映要素间的相互作用，并且形式灵活，可以在一定程度上避免模型设定的偏差。具体回归方程如式（4.5）所示。在实证分析过程中使用到的数据包括制造业细分行业的增加值、劳动力以及资本存量数据，具体数据来源见第五章第一节。

$$\ln Y_{it} = \beta_0 + \beta_t t + \frac{1}{2}\beta_{tt} t^2 + \beta_K \ln K_{it} + \beta_L \ln L_{it} + \frac{1}{2}\beta_{KK}(\ln K_{it})^2 +$$

$$\frac{1}{2}\beta_{LL}(\ln L_{it})^2 + \beta_{KL}\ln K_{it}\ln L_{it} + \beta_{tK} t\ln K_{it} + \beta_{tL} t\ln L_{it} - u_{it} + \varepsilon_{it}$$

$$(4.4)$$

其中,$u_{it} = u_i e^{-\eta} \in N(\mu, \sigma_u^2)$。通过式（4.4）估计参数 β,计量模型回归结果见表 4 - 4。以此计算不同年份、不同行业的要素产出弹性,具体公式如下所示：

$$\alpha_i(t) = \beta_K + \beta_{KK}\ln K_{it} + \beta_{KL}\ln L_{it} + \beta_{tK}t$$
$$\beta_i(t) = \beta_L + \beta_{LL}\ln L_{it} + \beta_{KL}\ln K_{it} + \beta_{tL}t \tag{4.5}$$

表 4 - 4 计量回归结果

变量	系数	标准差	t 值	P 值
t	0.0881	0.0158	5.56	0.000
$0.5t^2$	0.0104	0.0004	12.16	0.000
$\ln k$	0.2847	0.1698	1.68	0.094
$\ln l$	-0.7142	0.2203	-3.24	0.001
$0.5(\ln k)^2$	0.1759	0.0152	5.77	0.000
$0.5(\ln l)^2$	0.3591	0.0284	6.32	0.000
$\ln l \cdot \ln k$	-0.1619	0.0316	-5.13	0.000
$t \cdot \ln k$	-0.0314	0.0031	-10.09	0.000
$t \cdot \ln l$	0.0221	0.0030	7.47	0.000
_cons	4.5476	0.6087	7.47	0.000
mu	1.8143	0.5674	3.20	0.001
eta	-0.0422	0.0039	-10.76	0.000
lnsigma2	-0.3746	0.3235	-1.16	0.247
ilgtgamma	2.4980	0.3552	7.03	0.000
对数似然函数值	524.48			
wald 检验值	1006.89			0.000

资料来源：作者整理。

从表 4 - 4 可以知道,计量模型（4.5）的对数似然函数值为 524.48,wald 检验值为 1006.89,在统计上非常显著。因此,模型估计结果在总体上非常显著。并且模型中大部分变量均是在 99% 水平上显著。利用计量回归结果可以计算出资本产出弹性和劳动产出弹性,根据式(4.2)计算改革开放后制造业细分行业全要素生产率的增长率。然后,再利用历年细分行业要素产出弹性的加权平均计算出制造业部门的要素产出弹性,根据式(4.3)计算出历年制造业部门全要素生产率的增长率。最后,可以利用式(4.1)计算出制造业结构变动对部门全要素生产率的促进作用。

三 基本结论

图4-7说明了制造业结构变动对部门全要素生产率增长的贡献,从中可以看出1986年之后结构变动对全要素生产率的贡献存在较大幅度的波动。为了更清楚地说明结构变动对生产率增长的贡献,表4-5显示了不同时间段结构变动对部门生产率的贡献。根据表4-5,改革开放后,结构变动对生产率增长的贡献在20世纪90年代最高,尤其是90年代前半期。1990~1995年结构变动的贡献最大达到12.78%。进入21世纪后,结构变动对生产率的促进作用呈现下降的趋势。但是就整个1986~2011年而言,结构变动对生产率的促进作用非常有限。平均而言,结构变动仅仅解释了全要素生产率增长的7.39%。

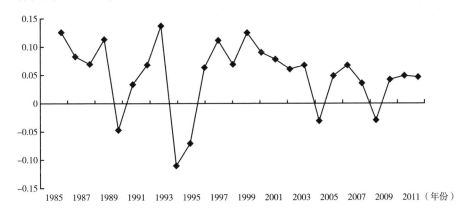

图4-7 制造业结构变动对部门生产率的贡献

资料来源:作者整理。

表 4 - 5　结构变动对全要素生产率增长的贡献

单位：%

时间	产出增长率	制造业部门 TFP 增长率	TFP 增长对产出增长的贡献	结构变动的生产率效应	结构变动对生产率增长的贡献
1986～1990 年	4.06	1.04	25.55	0.07	7.00
1991～1995 年	11.86	7.51	63.36	0.96	12.78
1996～2000 年	13.64	6.60	48.38	0.58	8.83
2001～2005 年	20.72	7.91	38.19	0.32	4.01
2006～2011 年	19.37	5.34	27.57	0.20	3.81
1986～2011 年	14.14	5.67	40.09	0.42	7.39

资料来源：作者整理。

将图 4 - 7 和表 4 - 5 结合起来说明不同时间段结构变动对部门生产率增长的作用。首先，1986～1990 年，全要素生产率增长幅度相对比较小，结构变动对全要素生产率增长的贡献为 7.00%。其次，1991～1995 年，结构变动贡献最大达到 12.78%。1992 年以来市场化进程的加快，显著影响制造业结构，并明显促进部门全要素生产率的增长。1993 年结构变动对生产率的贡献达到了 13.58%。然而 1994 年和 1995 年结构变动对全要素生产率增长的作用均为负值。这一期间，结构变动的生产率效应出现大幅度波动的原因是，我国政府开始提出构建市场经济体制的目标，计划经济逐渐向市场经济转变，各种制度不健全，政府对经济的调控能力相对有限，容易出现经济增长的大起大落。1996～2000 年，结构变动对部门生产率促进作用相对比较稳定，平均而言其贡献为 8.83%。2000 年以来，结构变动对部门生产率的贡献呈现递减的趋势，在 2001～2005 年和 2006～2011 年，结构变动对部门生产率增长的贡献分别为 4.01% 和 3.81%，低于 2000 年之前的贡献度。并且 2004 年和 2008 年结构变动贡献为负数。2003 年之后，我国经济增长更多依赖投资增长，地方政府为增长而进行的竞争推动了重化工业发展，这一背景下，结构调整并没有显著促进生产率增长。

从表 4 - 5 可以知道，1986 ~ 2011 年制造业结构变动对全要素生产率增长的贡献平均为 7.39%，而 2000 年前的三个时间段中结构变动的贡献高于平均值，2000 年之后的两个时间段均低于平均值。因此，我们以 2000 年为界限，把 1986 ~ 2011 年分为两个阶段考察分行业全要素生产率增长的状况，并结合行业劳动力和资本比重变动的情况，分析 2000 年前后结构变动对生产率增长作用的差异。

1986 ~ 2000 年全要素生产率增长率处于前五位的行业分别是通信设备、计算机及其他电子设备制造业，电气机械及器材制造业，通用设备制造业，烟草制造业，交通运输设备制造业。2000 ~ 2011 年全要素生产率增长率处于前五位的行业依次是，通信设备、计算机及其他电子设备制造业，烟草制品业，饮料制造业，通用设备制造业，非金属矿物制品业。从时间序列角度看，两个时间段中全要素生产率增长率位于前五位的行业变化不大。技术密集性行业始终有着比较高的全要素生产率增长率，例如，通信设备、计算机及其他电子设备制造业，通用设备制造业等。这些行业劳动力比重和资本比重的变化状况见表 4 - 6。

表 4 - 6　全要素生产率增长最快的五个行业要素比重变动状况

单位：百分点

1986 ~ 2000 年			2000 ~ 2011 年		
行业名称	劳动力比重变动	资本比重变动	行业名称	劳动力比重变动	资本比重变动
通信设备、计算机及其他电子设备制造业	1.20	0.82	通信设备、计算机及其他电子设备制造业	6.27	1.08
电气机械及器材制造业	-0.17	0.26	烟草制品业	-0.37	-1.28
通用设备制造业	-1.81	-0.72	饮料制造业	-0.39	-1.07
烟草制品业	0.29	1.23	通用设备制造业	-1.14	0.38
交通运输设备制造业	0.62	1.88	非金属矿物制品业	-2.25	0.32

资料来源：作者整理。

从表4-6可知，2000年前后，全要素生产率快速增长行业的要素比重变动情况存在明显差异。整体而言，2000~2011年全要素生产率的快速增长并没有吸纳更多的要素，劳动力比重和资本比重多数呈现减小趋势。只有通信设备、计算机及其他电子设备制造业的劳动力份额增加显著，而资本份额稍有增加，其他行业更多呈现要素比重降低的趋势。而1986~2000年，全要素生产率提高的行业快速吸纳劳动力和资本，全要素生产率增长最快的五个行业中有三个行业表现出劳动力比重和资本比重均增加的趋势。

另外，还可以考察全要素生产率增长缓慢的行业，观察其要素投入比重变动的情况。1986~2000年全要素生产率增长率排名在后五位的行业分别是，造纸及纸制品业，木材加工及木、竹、藤、棕、草制品业，皮革、毛皮、羽毛（绒）及其制品业，文教体育用品制造业，家具制造业。2000~2011年排在后五位的行业分别是纺织服装制造业，石油加工业，皮革、毛皮、羽毛（绒）及其制品业，文教体育用品制造业，家具制造业。这些行业其劳动力比重和资本比重的变化状况见表4-7。由表4-7可知，2000~2011年全要素生产率增长最为缓慢的五个行业中有四个行业的劳动力比重和资本比重呈现增加趋势；而1986~2000年则更多地表现为要素比重的下降。

表4-7　全要素生产率增长最慢的五个行业要素比重变动状况

单位：%

1986~2000 年			2000~2011 年		
行业名称	劳动力比重变动	资本比重变动	行业名称	劳动力比重变动	资本比重变动
造纸及纸制品业	-0.01	0.92	文教体育用品制造业	0.31	0.08
文教体育用品制造业	0.36	-0.09	石油加工、炼焦及核燃料加工业	-0.39	-0.93
皮革、毛皮、羽毛（绒）及其制品业	0.37	-0.06	皮革、毛皮、羽毛（绒）及其制品业	0.74	0.31

续表

1986～2000 年			2000～2011 年		
行业名称	劳动力比重变动	资本比重变动	行业名称	劳动力比重变动	资本比重变动
木材加工及木、竹、藤、棕、草制品业	－ 0.06	0.07	家具制造业	0.48	0.45
家具制造业	－ 0.48	－ 0.07	纺织服装、鞋、帽制造业	1.45	0.71

资料来源：作者整理。

两个时间段相比较，2000 年之前要素流向相对合理，而 2000 年之后，要素并没有快速流入全要素生产率快速增加的行业，因此 2000 年之前制造业结构变动的生产率效应相对更高一些。需要进一步说明的是，整体上看，2000 年以来全要素生产率增长更快，1986～2000 年全要素生产率增长最快的十个行业的增长率平均值为 11.5%，2000～2011 年是 16.35%。尽管 2000 年之后细分行业内部存在相对较高的全要素生产率增长率，但是这种增长并没有同时引发要素快速流向这些行业。

之前的一些文献发现了结构调整促进全要素生产率增长的作用随时间呈现下降趋势。Dowrick 和 Gemmel（1991）以 60 个市场化国家数据为基础，发现结构变动对全要素生产率增长的促进作用随时间推移存在变小的趋势，同时还发现发展中国家结构变动对全要素生产率的促进作用高于发达国家。Berthelemy（2001）研究了非洲国家在 20 世纪五六十年代的经济增长过程，也发现了结构变动对经济增长的促进作用随时间变小的趋势。另外，Fan 等（2003）研究了我国三次产业间结构变动对整体经济生产率的影响，认为结构变动实际上是经济从不均衡趋近均衡的过程，随着经济达到新的均衡，结构变动对全要素生产率的促进作用减小。尽管有这些研究的支撑，我们还是需要进一步研究，转型国家制造业结构变动的生产率效应呈现下降趋势的原因。回答这一问题将有助于我们更好地推进制造业结构调整，发挥结构变动对经济增长的促进作用，找准政策措施的着力点。我们将在第五章解决这一问题。

第三节　小结

本章具体研究了两个问题，首先，从不同角度分析了改革开放后我国制造业结构变动状况。从投入产出关系来看，我国制造业结构中，资本品行业比重一直呈现快速增加的趋势，而消费品行业比重在改革开放初期曾出现上升趋势，此后缓慢下降。而中间产品行业比重在改革开放之后呈现较快的下降趋势。另外，从要素密集度来看，1996年之前制造业结构变动特征表现为资本密集型行业和劳动密集型行业比重下降，市场驱动型行业和技术密集型行业比重上升，但这一期间各类行业比重变动幅度并不大，变化最显著的资本密集型行业的波动幅度在10%左右。1996年之后制造业结构变动的突出特点是技术密集型行业比重快速增长，尤其是通信设备、计算机及其他电子设备制造业的快速发展。另外，值得注意的是，2006年之后我国技术密集性行业比重增长放缓，一些年份还出现了下降趋势。

其次，制造业结构变动生产率效应的研究结果如下：从制造业部门全要素生产率的变动来看，结构变动对全要素生产率增长的作用在20世纪90年代最高，尤其是90年代前半期。1986～2011年制造业结构变动对全要素生产率增长的贡献平均为7.39%，而2000年前的三个时间段中结构变动的贡献高于平均值，2000年之后的两个时间段均低于平均值。可以说，随着时间的推移，我国制造业结构变动对部门全要素生产率的促进作用呈现下降的趋势。

第五章　中国制造业结构变动生产率
效应中不同因素的贡献

第四章衡量了改革开放以来我国制造业结构变动对制造业部门全要素生产率的促进作用，发现这种促进作用随时间有减小的趋势。本章将进一步研究出现这种现象的原因。基本思路是，分析不同因素在结构变动生产率效应中的贡献，衡量其贡献的程度及其发挥作用的特点，以此解释结构变动的生产率效应随时间变小的原因。本章首先识别改革开放以来影响我国制造业结构变动的重要因素，其次分别考察结构变动生产率效应中这些因素的贡献。

第一节　中国制造业结构变动重要影响因素的识别

根据第四章第一节的分析可以知道，改革开放以来我国制造业结构发生了显著改变。本节尝试在第三章理论分析的基础上，识别影响我国制造业结构变动的重要因素，从而为进一步分析我国制造业结构变动的生产率效应中不同因素的贡献奠定基础。

较多的文献从实证角度研究了影响我国产业结构变动的因素。然而，多数文献集中于研究影响三次产业结构变动的因素。少数文献考察了影响我国制造业或者工业结构变动的因素。这些因素主要包括消费需求、人力资本、技术进步、制度影响以及外商直接投资等。总的来说，已有文献的研究存在以下两个特点：一是倾向于研究特定因素对制造业结构变动的影响，缺少综合性的分析（赵果庆，

2006；高敬峰，2008；姜涛，2009；张若雪，2010）。在现实经济运行过程中，影响制造业结构变动的因素并不是单独起作用，而是相互耦合、相互交织、共同发挥作用推动我国制造业结构变动的。现有文献的另外一个特点是：研究相对比较笼统，缺少进一步细致的分析。例如，在研究技术进步对制造业结构变动的影响时，多数文献简单假定技术进步越快，行业比重增加越快。实际上技术进步在制造业结构变动中的作用，需要针对不同类别行业具体分析。本小节将在现有文献研究的基础上，综合分析影响我国制造业结构变动的因素。

一 中国制造业结构变动的主要影响因素

本书第三章第二节从理论上分析了影响结构变动的因素，主要包括消费需求、技术进步、市场化进程以及要素禀赋等。改革开放的经济增长过程中，这些因素不断发生变化。从理论上讲，这些因素变化推动我国制造业结构变动。这里着重说明改革开放后我国消费结构等因素的具体变化以及对制造业结构变动的影响。

第一，消费结构。改革开放后我国居民收入水平明显上升，我国城镇居民可支配收入从 1978 年的 343.4 元增加到 2012 年的 24565元，农村居民纯收入从 151.79 元增加到 7917 元（国家统计局，2012）。收入的迅速增加带来了消费结构的改变。较多的文献研究了改革开放后我国消费结构的演进，并取得了比较一致的结论（崔海燕，2008；姜涛，2009）。其中，臧旭恒（2012）计算了我国居民消费中不同商品的需求收入弹性，并以此为基础将我国消费需求划分为三个阶段。第一个阶段是改革开放后到 20 世纪 80 年代中期。这一期间，以纺织、食品为代表的轻工业产品需求迅速上升，被称为"温饱消费"阶段。对这一阶段消费结构最为形象的描述就是"老四件"，即手表、缝纫机、收音机、自行车。第二个阶段是 20 世纪80 年代中后期到 21 世纪初期。这一期间，消费结构中电子类耐用消费品比重上升，被称为"耐用型"消费阶段。冰箱、电视机、洗衣机成为居民消费中的"新三件"。第三阶段是 21 世纪初期到现在。这一时期，住房、交通、通信以及医疗服务等消费比重迅速上升，成为"享受型"消费阶段。收入增长带来的消费结构变动影响制造业结构。随着消费结构从"温饱型"过渡到"耐用型"再到"享受型"，制造业结构中消费品行业比重呈现下降趋势，资本品和中间产品行业占主导地位。由于经济增长带来消费结构变动对具体行业比重的影响取决于该行业是消费品还是资本品和中间产品行业，在计量分析过程中，我们将整个制造业部门分为两大类：消费品行业、资本品和中间产品行业。我们预期，随着消费需求的变化，消费品行业比重呈现下降趋势，而资本品和中间产品行业比重快速上升。

第二，技术进步。无论从研发支出投入强度，还是从要素生产率来看，改革开放后制造业部门存在明显的技术进步。需要特别指出的是，我国制造业分行业技术进步速度存在明显差异。从研发投入角度看，交通运输设备制造业，医药制造业，以及通信设备、计算机及其他电子设备制造业等研发投入强度均处于较高水平。而和食品相关的行业，如农副食品加工业、食品制造业的研发投入相对较低。根据第三章的理论研究，技术进步对不同行业比重变动的影响，需结合行业特点具体分析。对于消费品行业而言，消费函数中其产品替代性比较小，技术进步速度越快，行业比重增长越慢，替代弹性越大，比重增长就越快。由于我们研究的是制造业两位数细分行业，可以认为行业间替代性相对比较小，因此我们预期技术进步越快，消费品行业比重增长就越慢（Dixit & Stiglitz，1977；Ngai & Pissarides，2007）。第三章的理论研究也指出资本品和中间产品行业的比重变动也会受到生产函数中其产出替代性的影响，替代性越强，技术进步越会导致行业比重快速增加；反之，则技术进步越快，其比重增长越慢。和消费品行业不同，可以认为资本品和中间产品行业产出替代性比较强，其原因是效用函数中消费品间的替代性取决于人类基本的需求特点及价值观，而生产函数中资本品和中间产品行业产出的替代性更多地与成本以及技术可行性关联，某种产品快速技术进步带来的价格降低必将推动技术可行性的发展，形成相对较强的替代性。另外，改革开放后工业化过程的本质是生产迂回程度增加，资本替代劳动。与这一过程相伴而生的是资本品和中间产品比重的增加。基于这两个方面，可以认为资本品和中间产品行业产出的替代性比较强，其技术进步越快，比重增加也就越快。

第三，要素禀赋。要素禀赋主要是指劳动和资本的相对丰裕程度。改革开放初期我国劳动力资源丰富而资本稀缺，此后的经济增长加速了资本积累，要素禀赋状况也随之变化。Bai 等（2006）、中国经济观察课题组（2007）的研究都发现，改革开放后我国平均资本回报率一直处于比较高的水平。这种较高的资本回报率引发了较快的资本积累速度。另外，高敬峰（2008）研究发现改革开放后我国资本边际产出并没有出现明显的递减趋势，这就保证了我国资本积累的持续性。根据林毅夫等（2003，2009）的研究，产业结构是要素禀赋结构的外在表现，与要素禀赋状况更为接近的行业比重上升较快，反之则比重上升缓慢甚至下降。

第四，市场化改革的推进。改革开放后我国市场化改革经历了一个循序渐进的过程。通过实施农村联产承包责任制，赋予农村剩余劳动力自由流动的权利，20 世纪 90 年代后期进行的国有企业改革，为要素自由流动提供了更为广阔的空间。并且，随着我国经济增长，产品市场逐渐发育成熟，消费品市场、生产资料市场等的市场体系日趋完善；同时，要素市场自由化程度加深，一些市场中介服务组织成长起来。市场化改革推动了要素在不同行业间自由流动，改变了不同行业间的比例关系。对于转型国家而言，市场化改革对结构变动的作用最终体现为对原有的计划经济体制下形成的扭曲结构的纠正。鉴于此，我们预期，对于消费品行业而言，市场化改革的推进会提高其比重，而对于资本品和中间产品而言，市场化改革的推进会降低其比重。需要指出的是，这种纠正性的影响并不会一直贯穿改革开放后的结构调整过程，随着市场化改革的推进其作用逐渐减弱。

二　实证分析过程

（一）变量选取

研究影响制造业结构变动的因素时，首先面临的一个问题是被解释变量的选择。现有文献集中研究影响三次产业结构变动的因素，由于产业数目比较少，产业变动的规律比较清晰，往往选择第二、第三产业比重作为被解释变量。而制造业结构内部行业众多，制造业结构变动的规律较为复杂。在现有研究制造业结构变动及升级的文献中，往往采用高新技术行业的增加值比重或者人均利税额表示结构变动和升级，但这些指标只能说明制造业结构变动的一个方面（杨洪焦、孙林岩，2009）。这里我们直接将制造业分行业增加值比重的变化率（$bz_{i,t}$）作为被解释变量。这样可以更为细致地分析各种因素对不同行业产出比重变化的影响，正是不同行业产出比重改变形成了制造业部门的结构变动。

被解释变量的选取主要包括以下因素：

消费需求。理论上讲，用不同商品需求收入弹性的变化衡量消费需求的变动是相对准确的方法，但是资本品和中间产品行业很难与消费品行业的需求收入弹性联系起来。例如，我国的统计年鉴中将消费需求划分为食品、衣着等八个大类，但是一些资本品行业，如黑色金属冶炼行业不能和任何一个大类对应起来。消费需求变动主要通过投入产出关系间接影响资本品和中间产品行业。因此，在这里我们把人均国内生产总值增长率（$agdp$）作为代理变量，考察消费需求变动对行业比重变化的影响。需要进一步说明的是，从理论上看，随着行业特点的不同，人均国内生产总值增长对行业比重变化的影响不同。根据上文的分析，我们预期，消费品行业比重变动和人均国内生产总值变化负相关，而资本品和中间产品行业则和其正相关。

技术进步。衡量技术进步可以用投入指标，也可以用产出指标。

结合我国改革开放后经济发展的现实，我们用行业劳动生产率的增长率表示技术进步率（tec）。需要说明的是，劳动生产率的提高并不完全来自技术进步，生产过程中资本投入的增加也能促进劳动生产率提高，但是由于改革开放后，我国经济增长实际上是一个追赶的过程，引进先进的机械设备等也是技术进步的形式之一（赵志耘、吕冰洋、郭庆旺，2007；林毅夫、任若恩，2007）。因此，对于我国而言，劳动生产率是衡量技术进步的理想指标。我们预期消费品行业比重增长率和技术进步率呈反比，资本品和中间产品行业比重增长率和技术进步率呈正相关。

要素禀赋。这里我们使用某一行业资本劳动比与整个制造业行业资本劳动比的相对差异的绝对值表示该行业与要素禀赋结构的吻合程度。假设变量 $endo = \left| \left(\dfrac{K_{it}}{L_{it}} - \dfrac{K_t}{L_t} \right) \Big/ \dfrac{K_t}{L_t} \right|$，其中 $\dfrac{K_{it}}{L_{it}}$ 表示 i 行业第 t 年的资本劳动比，$\dfrac{K_t}{L_t}$ 表示第 t 年制造业部门的资本劳动比。这里预期行业禀赋状况越接近制造业禀赋状况，该行业比重增长就越快。

市场化进程。这里使用非国有经济在行业总产值中的比重变化率（mar）表示市场化的进展，其比重变动越快，说明市场化推进速度越快。根据上文的分析可以知道，市场化进程的纠正作用随时间逐渐减弱，因此这里我们以 2000 年为界限进行计量分析，这是因为我国市场化进程中突破性的变革发生在 2000 年之前，如农村经营方式转变以及国有企业改革。我们预期，在 2000 年之前市场化进程对消费品行业比重增长存在正向作用，而对资本品和中间产品行业存在负向作用，但这一作用的程度在 2000 年之后会逐渐减弱。

另外，我们的模型中还包括了以下控制变量。

对外开放。对外开放对制造业结构变动存在显著影响。这种影响主要通过外商直接投资以及对外贸易两个渠道产生。首先，外商直接投资能够直接增加某一行业在制造业结构中的比重，并且还可以通过技术溢出效应、市场示范效应以及竞争效应等推动该行业中内资企业的发展，从而促进该行业的快速发展。其次，对外贸易中的出口和进口都影响了制造业升级。通过出口参与国际竞争提升行业竞争力，同时国际市场的需求也带动了行业规模扩张；通过进口国外先进设备等促进了行业技术及工艺的提升，推动制造业结构变动。因此，应该将外商直接投资规模以及进出口数额作为控制变量。但是，由于我国进出口数额的统计是按照国际产业分类标准的，与我国行业分类标准不同，数据获取存在一定困难。另外，一般来说，外商直接投资规模比较高的行业，进出口数额也比较高，如果将两个数据同时放入模型中，容易出现共线性。因此，我们仅用外商直接投资规模衡量对外开放程度。我们用"三资"企业总产值占该行业总产值比重的变动（fore）表示该行业对外开放程度的变动，我们预期该变量对行业比重变动存在正向影响。

　　进入壁垒状况。产业结构变动就是企业大量进入或者退出某一行业的过程。行业进入壁垒是影响企业进入的重要因素之一。而原始资本数量和规模经济状况要求是决定进入壁垒的重要因素。原始资本数量越高，行业规模经济程度越高，进入壁垒也就越高。因此，我们用大中型企业产值占该行业总产值的比重（org）表示进入壁垒高低。行业内大中型企业的比重，一方面能够反映原始资本要求，另一方面也能反映行业规模经济状况，该比例越高说明该行业对原始资本要求越高，进入壁垒越高。我们预期大中型企业占行业总产值比重越高，行业产出比重变化速度越慢。

　　行业的产值利润率。市场经济背景下行业利润率是影响要素在行业间流动的风向标。行业利润率增长越快，在其他条件一定的情况下，要素更多地流向这个行业，行业比重增长就越快。这里采用行业利润总额与总产值的比重表示产值利润率。

　　鉴于数据的可得性，我们着重研究1990～2011年制造业结构变动的影响因素。由于研究时间区间相对较长，为了更好地发现不同时期影响制造业结构的因素，我们分 1990～2000 年和 2001～2011 年两个时间段进行计量分析。需要说明的是，由于数据所限，1990～2000 年的分析中并未包含上文所述的控制变量。所用到 1990～2011 年制造业分行业的资本存量以及劳动力的数据计算如下。

资本存量的数据不能直接从统计年鉴中获取，需要通过计算得到。计算资本存量最常用的方法是永续盘存法。这里我们也采用这一方法，具体计算公式如下：

资本存量$_t$ = 可比价全部口径投资额$_t$ + (1 - 折旧率$_t$) × 资本存量$_{t-1}$

这里涉及三个数据，一是计算期内各年可比价全部口径的投资额，二是各年的折旧率，三是选取计算资本存量的基年。其中可比价全部口径投资额计算如下所述。其中，当年价的投资额可以通过当年固定资产原值和上年固定资产原值的差额得到，也就是：

当年价的投资额$_t$ = 固定资产原值$_t$ - 固定资产原值$_{t-1}$

这里计算出来的是当年价的投资额，因此利用价格指数进行平减消除价格变动的因素。具体计算公式如下：

可比价投资额$_t$ = 当年价投资额$_t$／固定资产投资价格指数$_t$

在利用永续盘存计算资本存量时，存在两种确定折旧率的方法，一是采用固定折旧率，二是随时间和行业变化的折旧率。从理论上说，第二处理方法相对比较严谨。但是由于计算折旧率过程中时间的连续性，数据缺失成为利用这种方式计算时存在的困难。在目前计算资本存量的代表性研究中，Perkins（1998）、胡永泰（1998）、孟连和王小鲁（2000）、Wang 和 Yao（2003）均假定折旧率为 5%。Young（2003）假定 6% 的折旧率，张军等（2004）估计的各省折旧率为 9.6%，龚六堂（2004）假定折旧率是 10%，因此这里我们也假定 10% 的折旧率。这里我们采用固定折旧率的方法，年折旧率为 10%。计算固定资产投资时基期的选择一般选取三个年份，1952 年、

1978 年和 1980 年。这里选择 1980 年作为基期。

　　本书根据职工人数构建劳动力指标。其中，1985～2002 年以及 2005～2008 年分行业全部企业的职工人数来源于对应年份的《中国经济统计年鉴》。2003 年、2004 年分行业的职工人数来源于对应年份的《中国劳动统计年鉴》中职工人数年末数，因为《中国劳动统计年鉴》提供的 2005 年职工人数年末数和《中国统计年鉴》职工人数相同。统计年鉴中未提供 1981～1984 年全部统计口径的分行业职工人数，但是对应《中国统计年鉴》中提供了细分行业全民所有制工业企业年末职工人数，这里根据 1985 年全民所有制企业与全部工业企业职工人数的比例，推算出 1981～1984 年细分行业的全部职工人数。《中国工业经济统计年鉴（1990）》提供了 1980 年职工人数。

　　另外，计算市场化进程的相关数据来自 1991～2012 年《中国统计年鉴》，分行业"三资"企业总产值占该行业总产值的比重、产值利润率、大中型企业的工业总产值比重等可以从 2001～2011 年《中国统计年鉴》获得相应数据并计算得到。相关变量符号及含义如表 5-1 所示。

表 5-1　相关变量符号及含义

变量		变量符号	含义
被解释变量	结构变动程度	*str*	用增加值比重的增长率表示,也就是当年行业产出比重增加量除以上年产出比重
解释变量	消费需求	*agdp*	用人均国内生产总值变化速度表示消费需求的变动
	技术进步	*tec*	用劳动生产率的增长率表示技术进步
	要素禀赋	*endo*	用该行业资本劳动比与制造业部门资本劳动比的相对差异的绝对值表示行业要素需求和要素禀赋的吻合程度
	市场化进程	*mar*	用非国有企业总产值比重的变化率表示市场化进程

续表

变量		变量符号	含义
控制变量	对外开放	fore	"三资"企业总产值占行业总产值比重的变化率
	进入壁垒	org	大中型企业产值占行业总产值的比重
	行业的产值利润率	prof	行业利润总额与总产值的比重

资料来源：作者整理。

（二）计量分析过程

具体的计量模型如下：

$$str = \beta_0 + \beta_1 agdp + \beta_2 tec + \beta_3 endo + \beta_4 mar + \beta_5 fore + \beta_6 org + \beta_7 prof + \varepsilon$$

由于使用了面板数据，所以需要进行模型的选择，面板模型包括三种：混合模型、固定效应面板模型、随机效应面板模型。具体判断过程如下。

首先，我们利用 F 统计量确定应该使用混合模型还是固定效应模型。F 统计量通过下式计算出来：

$$F = \frac{(SSE_E - SSE_U)/(N-1)}{SSE_U/(NT - N - k)}$$

其中，SSE_E 是约束模型的残差平方和，SSE_U 是未约束模型的残差平方和，N 表示样本容量，T 表示面板数据的时间长度，k 表示混合模型中回归参数的个数。如果通过样本计算出的 F 检验值小于 $F_\alpha(N-1, NT-N-k)$，则接受原假设，建立混合模型；反之，则拒绝原假设，建立个体固定效应模型。

利用 F 检验只能说明选择混合模型还是个体固定效应模型。还应该利用 Hausman 检验说明选择个体固定效应模型还是随机效应模型。该检验的原假设（H_0）：个体效应与因变量无关，即可以设立随机效应模型。备择假设（ H_1 ）为：个体效应与因变量相关，即可以设立固定效应模型。Hausman 统计量渐进服从 $\chi^2(m)$ 分布，其中 m 表示被检验的回归参数个数。如果样本计算的 Hausman 统计量的值小于 $\chi^2(m)$ ，则接受原假设，建立随个体随机效应模型。反之，则拒绝原假设，建立个体固定效应模型。回归结果如表 5 - 2 所示。

表 5 - 2　回归结果

变量	消费品			资本品和中间产品		
	1990 ~ 2000 年	2000 ~ 2011 年	1990 ~ 2011 年	1990 ~ 2000 年	2000 ~ 2011 年	1990 ~ 2011 年
agdp	0.1253 (0.4191)	- 0.3352 (0.2425)	- 0.1361 (0.2025)	0.0918 (0.2864)	- 0.2949 * (0.1720)	- 0.0606 (0.1508)
tec	0.3253 *** (0.0404)	0.0549 (0.0678)	0.3209 *** (0.0287)	0.0288 ** (0.0119)	0.3830 *** (0.0411)	0.0208 ** (0.0081)
endo	- 0.0066 (0.0084)	0.0039 (0.0054)	- 0.0040 (0.0052)	- 0.0233 ** (0.0094)	0.0005 (0.0010)	- 0.0020 (0.0017)
mar	0.1462 ** (0.0794)	0.0293 (0.0825)	0.1437 *** (0.0515)	- 0.0883 * (0.0536)	- 0.4964 *** (0.1043)	- 0.1044 ** (0.0404)
fore		- 0.0058 (0.0532)			0.0150 ** (0.0071)	
prof		- 0.0774 (0.0494)			0.0098 (0.0396)	
org		- 0.0321 (0.0256)			- 0.0383 * (0.0232)	
con	- 7.5591 * (3.8422)	0.3983 (3.0744)		0.8494 (2.8265)	- 1.4011 (2.1207)	1.3375 (1.7590)
adjusted R^2	0.6620	0.0139	0.5891	0.1674	0.3574	0.0764
F 检验	0.76	1.45	1.04	2.34 ***	2.18 ***	3.10 ***
Hausman 检验	0.31	12.15 *	6.65	1.81	36.21 ***	4.42
估计方法	混合	混合	混合	随机	固定	随机

注：***、**、* 分别表示在1%、5%、10%水平上显著。括号中的数字是标准差。

资料来源：作者整理。

由表 5-2 可以看出,不同行业、不同时间段,影响制造业结构调整的因素存在一定的差异。总体上看,消费需求、禀赋结构这两个解释变量只在一个回归方程中显著。而技术进步和市场化改革则在五个回归方程中显著。接下来具体解释回归结果并得出结论。

三 基本结论

根据表 5-2 可以得出如下结论。

第一,总体上说,消费需求并不是影响我国制造业结构变动的重要因素。消费需求只在一个回归方程中存在显著性,从整个时间区间来看,该因素并不是影响我国制造业结构变动的重要因素。其原因可以从三个方面分析。首先,本书的研究中利用人均国内生产总值作为消费需求的代理变量,人均国内生产总值更多反映了总需求的变动,不能够准确反映针对制造业行业消费需求的变动,这也在一定程度上影响本书的回归结果。其次,改革开放以来,尤其是20世纪90年代之后,消费需求对我国国内生产总值增长的贡献率呈现下降趋势。2003年消费需求的贡献率达到历史最低点,只有35.8%(国家统计局,2013)。改革开放后,我国消费率一直低于国内生产总值的增长率。1985~2003年,我国的消费率不仅低于发达国家水平,而且低于大多数发展中国家,甚至低于出口导向型的东亚国家(王子先,2006)。较低的消费贡献率影响了消费对于制造业结构变动的作用。最后,相关研究表明消费结构升级更多影响了第三产业发展,而对制造业结构变动作用相对较小。石奇等(2009)研究了2000~2005年消费结构升级对结构变动的影响,发现消费结构升级更多地影响了第三产业发展,而对制造业行业作用并不明显。例如,2000~2005年服装消费的增加只能够解释纺织、缝纫及皮革产品制造业产值增加的17%,并且这一比重在所有制造业行业中已经是最高的(石奇等,2009)。实际上,除了纺织、缝纫及皮革产品制造业和食品制造业,消费升级对其他制造业行业总产值的促进作用均不明显。与制造业不同，消费升级显著促进了服务业部门产出增长。消费结构升级解释了金融保险行业产出增加的 39%（石奇等，2009）。

第二，技术进步速度越快，行业比重增长就越快。首先，对于消费品行业而言，回归结果和预期并不一致。根据理论部分分析，如果行业之间替代性比较弱，那么技术进步速度越快，其比重增长就越慢。而实证分析结果显示，技术进步正向影响消费品行业比重变动。对这一结果可能的解释是，随着收入水平增长，不同消费品行业之间更多地呈现出更强的替代性。Knight 指出，人的较低层次的需要，即对生活必需品的需要，是最稳定和最易于预测的。生活水平越高，人的需要层次越高，其动机受社会影响就越大，预测和满足这些需要的不确定性就越大（王宇、王文玉，2005）。20 世纪 90 年代之后，经济水平的增长，使得不同消费品行业的产出呈现较强的替代性。其次，对于资本品和中间产品行业而言，技术进步速度越快，比重增长就越快，这符合我们的预期。从影响的程度来看，1990～2000 年其系数为 0.03，而 2001～2011 年其系数为 0.38，这说明进入 21 世纪之后，技术进步对资本品和中间产品行业比重变动的影响明显变强。一个很重要的原因是，进入 21 世纪之后我国研发投入快速提高。根据国家统计局的统计，2000 年我国研发投入占国内生产总值的比重是 1.0%，2013 年则超过 2%。

第三，研究结果并没有支持要素禀赋对制造业结构变动存在显著影响的结论。在六个回归模型中，只有 1990～2000 年，要素禀赋是影响资本品和中间产品结构变动的显著因素，并且和我们的预期相反，要素禀赋和结构变动负相关。我们的实证结果并没有支持林毅夫（2003，2009）的观点：推动发达国家和发展中国家结构变动的因素存在差异，技术进步对发达国家结构变动更为重要，而要素禀赋变化是推动发展中国家结构变动的主要因素。对该结果的一个可能解释是，要素禀赋变动推动结构变动过程中还受到其他因素的影响，如金融市场、相关的制度条件等。Ju 和 Wei（2005）研究指出相对于要素禀赋,当一个国家的金融系统不发达时,外部金融约束变成紧约束,此时金融制度而非要素禀赋决定其产业结构。但是由于很难找到合适的代理变量控制这些因素的变化,因此,我们的研究结果在一定程度上受到影响。

第四,市场化改革是影响我国制造业结构变动的重要因素。1990～2000年,对于消费品行业而言,市场化改革推进越快的行业产出比重增长就越快;市场化改革对资本品和中间产品行业结构变动呈负向影响。这两个结果均符合我们的预期。然而,2001～2011年市场化改革对资本品和中间产品比重仍然是负向影响,并且影响程度超过1990～2000年,这和我们的预期并不吻合。并且,学术界普遍认为2000年之后我国已经进入工业化发展中后期,其标志是中间产品和资本品行业的快速增长(金成晓、任妍,2006;吕铁,2007;金碚,2008)。应该说,在这一背景下市场化改革的推进会促进要素更多地流入资本品和中间产品行业,从而体现出促进这些行业比重增长的正向作用。对这一结果的可能解释是市场化改革的推进表现在多个方面,例如,要素市场的建立健全、中介组织的发展和完善等。由于数据所限,我们用非国有企业在总产值中的比重衡量市场化改革的推进,这只是从特定角度反映市场化进程,并且更适宜于反映改革初期以所有制改革为特征的市场化进程。在2000年之后,市场化进程更多地反映为完善要素和产品市场以及建立健全相关法律法规,采用非国有企业比重反映市场化进程,在一定程度上影响了回归结果。

除了上述变量外,控制变量也影响了我国制造业结构变动。对于2001～2011年资本品和中间产品行业而言,外商直接投资是影响其结构变动的显著因素。通信设备、计算机及其他电子设备制造业是改革开放后我国制造业部门中比重增加最快的行业,"三资"企业总产值占该行业总产值的76.1%,可以说该行业快速发展和外商直接投资密切相关。另外,大中型企业比重对行业比重变动存在显著的负向作用。这说明行业进入壁垒越高，能够进入的新企业数量就越少，从而行业产出比重增长缓慢。利润率对行业比重变动存在正向影响，但并不显著。可能的原因是政府审批制度等因素阻碍了要素流入高利润率行业。

第二节　结构变动的生产率效应中市场化改革的贡献

本节考察结构变动的生产率效应中市场化改革的贡献。根据我们在第三章理论部分的分析，影响结构变动的因素包括消费需求改变、技术进步以及对发展中国家尤其重要的市场化改革等。这些因素影响制造业结构变动，从而促进部门生产率增长。上一节的实证研究发现，市场化改革是影响我国制造业结构变动的重要因素。因此，本节研究制造业结构变动的生产率效应中市场化改革的贡献。

一　理论框架

之前研究结构变动生产率效应的文献倾向于把结构变动带来的生产率效应完全看作市场化改革的结果。例如，刘伟（2008）研究发现三次产业结构变动的生产率效应随时间推移逐渐减小，并认为未来结构变动并不是促进生产率提高和经济增长的主要力量。实际上这一结论忽略了影响结构变动因素的多元性，把结构变动的影响因素单纯归结于市场化改革。其背后的依据是随着市场化改革的推进，市场机制不断完善，行业间资源配置的扭曲就越小，结构变动就不成为促进生产率增长的主要力量。实际上，多种因素带来结构变动，促进生产率提高，本节分解出结构变动的生产率效应中市场化改革的贡献，把握其变化规律。

近年来研究要素错配的文献为分离市场化改革的贡献提供了解决思路。市场化改革实质上是构建和完善价格机制的过程，对于我国而言,产品市场上的价格改革进展较快,而要素市场改革相对滞后。用要素价格扭曲程度的改变表示市场化改革的进展具备一定的合理性。这里我们借鉴陈永伟等(2011)的研究成果,用要素价格扭曲程度的变化表示市场化改革的推进,结构变动的生产率效应中纠正要素价格扭曲程度的贡献也就是市场化改革的贡献。

假设经济体存在 m 个行业,每个行业内部的企业是同质的,行业内企业间是完全竞争,行业间存在要素价格扭曲。每个行业可以作为一个企业看待,假设生产过程中使用劳动(L)和资本(K),企业是价格的接受者。假设完全市场化条件下要素竞争价格为 p_K 、 p_L 。行业面临要素价格的扭曲程度为 τ_{Ki} 、 τ_{Li} ,即其面临价格为 $(1 + \tau_{Ki})p_K$ 、 $(1 + \tau_{Li})p_L$ 。行业 i 的生产函数为 $Y_i = TFP_i K_i^{\beta_{Ki}} L_i^{\beta_{Li}}$ 。这里 i 表示两位数制造业行业, Y_i 表示产出, K_i 、 L_i 表示投入的资本和劳动数量。 β_{Ki} 、 β_{Li} 分别表示劳动和资本的产出弹性,假设 $\beta_{Ki} + \beta_{Li} = 1$ 。行业内企业追求利润最大化,也即 $\max\limits_{K_i, L_i}\{p_i Y_i - (1 + \tau_{Ki})p_K K_i - (1 + \tau_{Li})p_L L_i\}$,其中 p_i 是第 i 个行业的产品价格。在要素价格扭曲的情况下,整个经济的竞争性均衡需要满足三个条件,一是每个行业中企业追求利润最大;二是常数规模报酬;三是要素数量限制条件。满足这三个条件时,要素价格扭曲环境下均衡状态的资源配置状况如下式所示:

$$K_i = \frac{\dfrac{p_i \beta_{Ki} Y_i}{(1 + \tau_{Ki}) P_K}}{\sum\limits_j \dfrac{p_j \beta_{Kj} Y_j}{(1 + \tau_{Kj}) P_K}} K, \quad L_i = \frac{\dfrac{p_i \beta_{Li} Y_i}{(1 + \tau_{Li}) P_L}}{\sum\limits_j \dfrac{p_j \beta_{Lj} Y_j}{(1 + \tau_{Lj}) P_L}} L \quad (5.1)$$

竞争情况下定义 i 行业资本价格的绝对扭曲程度(γ_{Ki})和相对扭曲程度($\bar{\gamma}_{Ki}$)如下式所示:

$$\gamma_{Ki} = \frac{1}{1 + \tau_{Ki}}, \quad \bar{\gamma}_{Ki} = \frac{\gamma_{Ki}}{\sum\limits_{j=1}^{m} (\dfrac{\rho_j \beta_{Kj}}{\bar{\beta}_K}) \gamma_{Ki}} \quad (5.2)$$

这里 ρ_i 是 i 行业的产出份额。$\bar{\beta}_K = \sum_{i=1}^{m} \rho_i \beta_{Ki}$ 是 i 行业资本产出弹性的加权平均。当 $\tau_{Ki} = 0$ 时，绝对扭曲程度 $\gamma_{Ki} = 1$ 说明要素配置不存在任何扭曲；当 $\gamma_{Ki} > 0$ 时，$0 < \gamma_{Ki} < 1$，此时行业 i 的资本价格偏高；反之，则偏低。相对价格扭曲程度表明某一行业要素价格扭曲的相对水平。$\gamma_{Ki} > 1$ 说明与经济中的其他行业相比较，行业 i 的资本使用价格偏低，反之则说明偏高。绝对要素价格扭曲程度不能通过计算得到，但是相对价格扭曲程度可以衡量。并且，对于一个经济体而言，要素的相对价格扭曲程度更为重要，因为如果所有行业有相同的绝对扭曲程度，那么整个经济体的资源配置状况与不存在扭曲时是相同的。联立式（5.1）和式（5.2）可得要素价格相对扭曲程度，分别为 $\gamma_{Ki} = \left(\dfrac{K_i}{K}\right)\Big/\left(\dfrac{s_i\beta_{Ki}}{\bar{\beta}_K}\right)$，$\gamma_{Li} = \left(\dfrac{L_i}{L}\right)\Big/\left(\dfrac{s_i\beta_{Li}}{\bar{\beta}_L}\right)$。

将要素价格相对扭曲程度代入行业 i 的生产函数，并对生产函数两边求对数可得：

$$\ln Y_i = \ln TFP_i + \ln\left[\rho_i\left(\frac{\beta_{Ki}}{\bar{\beta}_K}\right)^{\beta_{Ki}}\left(\frac{\beta_{Li}}{\bar{\beta}_L}\right)^{\beta_{Li}}\right] + [\beta_{Ki}\ln(\gamma_{Ki}) + \beta_{Li}\ln(\gamma_{Li})] + (\beta_{Ki}\ln K + \beta_{Li}\ln L) \tag{5.3}$$

根据 Syrquin（1984）对全要素生产率增长率的分解可知，结构变动带来的生产率增长可以表示如下：

$$SE = G(A) - \sum_{i=1}^{m}\rho_i G(A_i) \tag{5.4}$$

其中，SE 表示结构变动带来的生产率的增长率，$G(A)$ 表示制造业部门全要素生产率的增长率，$G(A_i)$ 表示制造业第 i 行业生产率的增长率。由于两对数之差可用作比例变化的近似值，也就是 $\ln x_1 - \ln x_0 \approx$

$(x_1 - x_0)/x_0$，因此通过式（5.3）可以将式（5.4）整理为：

$$SE = \Delta \ln Y_t - \left(\sum_{i=1}^{m} \rho_{it} \beta_{Ki} \Delta \ln K_t + \sum_{i=1}^{m} \rho_{it} \beta_{Li} \Delta \ln L_t \right) - \sum_{i=1}^{m} \rho_{it} \Delta \ln TFP_{it}$$

$$= \underbrace{\sum_{i=1}^{m} \rho_{it} (\beta_{Ki} \Delta \ln \hat{\gamma}_{Kt} + \beta_{Li} \Delta \ln \hat{\gamma}_{Lt})}_{\text{I}} + \underbrace{\sum_{i=1}^{m} \rho_{it} \ln \left[\left(\frac{\rho_{it}+1}{\rho_{it}} \right) \Big/ \left(\frac{\bar{\beta}_{Kt+1}^{\beta_K} \bar{\beta}_{Lt+1}^{\beta_L}}{\bar{\beta}_{Kt}^{\beta_K} \bar{\beta}_{Lt}^{\beta_L}} \right) \right]}_{\text{II}}$$

$$(5.5)$$

式（5.5）中将结构变动带来的生产率效应分解为式中的第 I 部分和第 II 部分。其中，第 I 部分描述了结构变动的生产率效应中要素价格扭曲程度改变所带来的生产率增长，也就是市场化改革的贡献；第 II 部分说明结构变动的生产率效应中其他所有因素的贡献。

二　实证分析过程及结果

根据式（5.5）中第 I 部分可以计算出结构变动生产率效应中市场化改革的贡献。计算式（5.5）所需要的数据主要包括历年制造业分行业的增加值、劳动力以及资本存量，这些数据的来源见第五章第一节。另外，计算式（5.5）还需要历年制造业分行业的资本产出弹性和劳动产出弹性。关于产出弹性的估计可以采用两种方法，一是采用回归分析的方法计算制造业分行业的产出弹性，二是非参数法，也就是生产函数规模报酬不变时，要素收入份额就是要素的产出弹性。胡永泰（1998）、李京文等（1998）、张军（2005）及陈永伟（2011）等都证明我国工业行业基本符合规模报酬不变的假定。因此，这里使用非参数法测算要素的产出弹性。其中劳动报酬主要是工资收入，该数据来源于历年《中国劳动统计年鉴》。[①] 资本的报

[①]　由于《中国劳动统计年鉴》只有 1989 ~ 2012 年的数据，其中还缺少了 1992 年。1992 年的数据利用插值法计算出来。1985 年之前至 1988 年的数据利用 1989 年的数据替代。

酬是当年的利润和固定资产折旧之和。其中，折旧的计算见第五章第一节，利润数据来自历年的《中国经济统计年鉴》。劳动产出弹性（β_{Li}）和资本产出弹性（β_{Ki}）可以通过 $\beta_{Li} = \dfrac{l_i}{l_i + k_i}$，$\beta_{Ki} = \dfrac{l_i}{l_i + k_i}$ 计算。其中，l_i，k_i 分别是 i 行业的劳动报酬和资本报酬。通过计算可以得到结构变动的生产率效应中市场化改革的贡献，如图 5 - 1 所示。

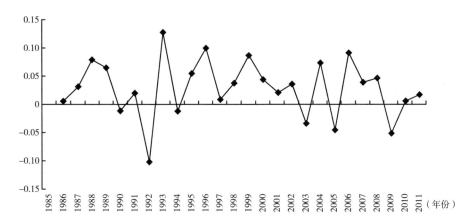

图 5 - 1　结构变动生产率效应中市场化改革的贡献

资料来源：作者整理。

从图 5 - 1 中可以看出，改革开放后市场化改革贡献的波动幅度比较大，很难发现其变化规律。为了平滑这些波动，计算不同时间段市场化改革贡献的平均值，具休见表 5 - 3。由表 5 - 3 可知，1991 -- 1995 年期间市场化改革的贡献最大。此后，市场化改革的贡献递减，2001 ~ 2005 年市场化改革的贡献甚至是负数，2006 年之后市场化改革的贡献有所回升。因此，可以说 20 世纪 90 年代市场化的贡献相对比较大，而进入 21 世纪后其贡献为负数，也就是说并未能够通过改革来纠正要素价格的扭曲，这就阻碍了制造业部门生产率的提高。

表 5-3 结构变动的生产率效应中市场化改革的贡献

单位: %

时间	1986~1990 年	1991~1995 年	1996~2000 年	2001~2005 年	2006~2011 年
结构变动生产率效应的平均值(SE)	0.053	0.660	0.445	0.068	0.104
市场化改革带来生产率增长的平均值(第Ⅰ部分)	0.003	0.080	0.024	-0.005	0.005
市场化改革的贡献	5.11	12.16	5.32	-7.16	4.68

资料来源: 作者整理。

这里需要说明的是利用价格扭曲程度表示市场化改革进程, 以此测算市场化改革的贡献存在一定程度的偏差。首先, 市场化改革进程不仅包括要素市场的价格改革, 而且包括产品市场的价格改革, 因此采用要素市场价格变动代表市场化进程忽略了产品市场改革的贡献。由于我国产品市场改革主要在 20 世纪 80 年代末 90 年代初进行, 因此这一时间段内市场化改革贡献的估计值小于其实际值。另外, 即便是政府采取措施进一步推进市场化改革, 随着经济规模的扩张、教育水平的提高、信息及交通基础设施的发展, 要素市场也会更为顺畅地运转, 这在一定程度上纠正了要素市场价格的扭曲, 从而高估了市场化改革的贡献。由此可以认为, 利用这一方法会高估 2000 年之后市场化改革的贡献。因此, 市场化改革实际贡献值应该在 20 世纪 80 年代末 90 年代初高于其估计值, 而在 21 世纪之后低于其估计值。这种估计偏差并未影响我们的结论。

实际上 1986 年之后中国的市场化进程的推进分为三个阶段, 第一阶段是 20 世纪 80 年代后期 90 年代初期, 改革的推进表现为放松要素流动的限制, 例如, 劳动力可以在城乡之间和农业与非农业之间自由流动, 这促进了非公有制经济的崛起, 这一阶段的改革更多表现为增量改革, 实际上是构建了体制外的产品市场和要素市场, 尤其是劳动力市场; 第二阶段是 20 世纪 90 年代后期, 改革推进更多表现为对一部分国有经济和集体经济的民营化，这一阶段的改革更多表现为存量改革，扩大了价格机制发挥作用的范围（Zheng, Bigsten, Hu, 2009）。第三个阶段是 21 世纪之后，市场经济改革的推进更多地表现为对已有市场经济框架的完善。20 世纪 80 年代末期和整个 90 年代迅速推进的市场化改革引起了制造业内部要素合理流动，从而带来了部门生产率的增加。但是随着第三阶段市场化改革步伐放缓，结构变动的生产率效应中市场化改革的贡献显著下降。上述分析说明市场化改革贡献呈现出一次性的特点，也就是说市场化改革所带来的结构调整效应随着改革政策的实施在短时间内完全释放。

　　另外，还需要进一步说明的是，1990～1995 年和 1996～2000 年均是改革加速推进的时期，但市场化改革的贡献呈现明显的差异，1990～1995 年间结构变动的生产率效应中市场化改革的贡献明显高于 1996～2000 年间。主要的原因是 20 世纪 80 年代末 90 年代初的改革主要表现为体制外的增量改革，这些增量改革实际上是在体制外构建了价格机制完全发挥作用的要素市场和产品市场。由于改革前我国实施的是赶超型的发展战略，人为压抑消费品行业发展，资源配置扭曲很大程度上体现为消费品行业供给的短缺。20 世纪 80 年代末 90 年代初的增量改革纠正了产品和要素价格的扭曲，促进非公有制经济大量进入消费品生产行业。第四章对改革开放后制造业结构变动状况的分析也说明 1996 年之前除纺织行业外，其他一些消费品行业的比重呈现明显的上升趋势，如食品加工行业、纺织服装行业等。更有效率的私营经济进入消费品行业，带动了制造业部门的结构变动，推动制造业部门生产率的提高。另外，由于有效率的私营经济进入消费品行业，增加了对上游中间产品和资本品的需求，而这些上游行业由国有企业所主导，需求的繁荣也促进了处于上游的国有企业效率的提升。Zheng 等（2003）研究表明 1994 年之前中国国有企业生产效率确实有所提高。也就是说，20 世纪 80 年代末 90 年代初进行的增量改革促进有效率的非公有制经济进入消费品行业，这又带动了国有企业所控制的中间产品和资本品行业的效率提升，因此，这一阶段市场化改革通过推动结构调整显著提高了制造业部门的生产效率。而20世纪90年代后期的私有化过程，表现为行业内部企业所有权的变化以及行业内企业间的重组，这一改革的效果并未通过行业间的结构变动来体现，所以和90年代上半期相比，这一期间市场化改革的贡献相对较小。实际上这进一步验证了结构变动的生产率效应中市场化改革贡献一次性的特点：90年代前半期增量改革的作用并没有持续到90年代后半期。

最后，由于我们依据纠正价格扭曲程度考察结构变动生产率效应中市场化改革的贡献，因此市场化的贡献可以进一步分解为纠正劳动力价格扭曲的贡献和纠正资本价格扭曲的贡献。我们计算不同时间段劳动和资本贡献的平均值。具体见表5-4。

表5-4　市场化改革贡献的分解

单位：%

时间	1986~1990年	1991~1995年	1996~2000年	2001~2005年	2006~2011年
纠正资本价格扭曲的贡献	5.49	-2.18	6.94	15.03	9.12
纠正劳动力价格扭曲的贡献	94.51	102.18	93.06	84.97	90.88

资料来源：作者整理。

从表5-4可以知道，结构变动的生产率效应中市场化的贡献更多来源于劳动力市场，资本的贡献非常低。出现这种状况的原因在于改革开放后我国劳动力市场发展比较快，明显纠正了劳动力价格扭曲。改革开放后出现了大量的农村剩余劳动力，这些自由流动的劳动力形成了我国最初的劳动力市场，乡镇企业以及城市的非公有制经济是其主要流向，这些流动带来了制造业产业结构的改变。20

世纪 80 年代末和 90 年代初期是这些劳动力流动最迅速的时期（蔡昉、王美艳，2007）。正如表 5 - 4 所示，这一期间劳动力市场化贡献最大。与劳动力流动相比较，我国资本流动受到更多的约束，价格扭曲更为严重，改革进展较为缓慢。1993 年我国才开始进行专业性银行向商业性银行的改革。甚至到目前为止我国银行业的垄断经营仍然严重扭曲资本价格。例如，我国中央银行公布的《2012 年中国区域金融运行报告》显示河南省民间借贷加权平均利率为19.94%（1 年期），远高于同期官方金融机构的贷款利率。另外，需要指出的是，2000 年之后资本的贡献有所增加。2000 年之后金融市场的发展和完善在一定程度上降低了资本价格扭曲程度。例如，有价证券和投资与贷款的比例是衡量金融市场发展程度的常用指标，该指标越大说明金融市场发展程度越高。2000 年之后这一指标快速上升，从 1999 年的 11.0% 上升到 2010 年的 26.4%。不过需要指出的是，纠正资本价格扭曲贡献的上升一定程度上也来自劳动力市场化改革效应的释放。

总的来说，从我们的研究中可以看到两个趋势：①结构变动的生产率效应中市场化改革的贡献存在一次性的特点，在改革推进迅速的 20 世纪 90 年代其贡献较为显著，进入 2000 年之后其贡献并不明显。②市场化改革贡献中的绝大部分来自纠正劳动力价格扭曲的贡献，2000 年之后纠正资本价格扭曲的贡献呈现上升趋势，但其比重依然比较小。接下来本书具体解释市场化改革贡献为何呈现一次性的特点及其经济含义。

三　市场化改革贡献的特征分析

实证分析的结果说明结构变动的生产率效应中市场化改革的贡献存在一次性的特征，也就是说改革措施的实施带动制造业结构变动，进而促进部门生产率增长，但是改革措施的作用会在短时间内全部释放，不可能带来长期的持续性的生产率效应。这里我们需要解释为何市场化改革的贡献呈现出一次性的特征。实际上可以把市场化所带来的结构变迁效应看作资源无效配置和资源有效配置之间的落差所形成的势能（刘伟、张辉，2008）。这种势能来自要素从低边际产出行业向高边际产出行业流动。改革措施的实施一旦消除了这一势能，就不能够再对结构变动和部门生产率增长产生贡献，于是就形成了市场化贡献一次性的特征。实际上市场化改革效应一次性的特征并不仅仅反映在制造业部门。我国改革开放之初所进行的农村联产承包责任制以及放开农产品价格等改革措施在短期内迅速提高了农业部门的产出水平，同时增加了农民收入，但是这种效应在1984年之前全部释放。具体表现为1984年之前主要农产品数量快速增长以及城乡收入差异明显减小，而1984年之后这种进程戛然而止（Lin、蔡昉、李周，1994）。

需要进一步说明的是，结构变动的生产率效应中市场化贡献一次性的特征并不意味着未来进一步的市场化改革不重要。首先，由于历史原因，我国制造业部门中仍然存在一些明显扭曲资源配置的因素。一是行政垄断阻碍制造业结构调整。例如，我国非金属矿物制品业、电气制造业以及有色金属冶炼及压延加工业存在较高的超额利润，这些超额利润来自部门垄断或者地区垄断（陈志广，2005）。而进一步对制造业行业行政垄断的研究发现，石油和天然气开采、烟草制品、黑色金属冶炼业以及有色金属冶炼业存在明显的行政进入壁垒。而化学纤维制造业、非金属矿物制造业等行业存在显著的行政退出壁垒（周绍东，2008）。这些行政壁垒限制了价格机制的资源配置功能，阻碍了要素在行业间自由流动。二是要素市场不健全抑制了我国制造业升级，从而阻碍了制造业部门生产率的增长。最典型的现象是：与国有企业相比，非公有制经济的融资成本比较高，融资渠道单一。一些民营企业很难从银行获得资金支持，即便能通过银行获取资金，与国有经济相比其资金成本要高出15%～20%（史晋川、赵自芳，2007）。融资困难抑制了从事劳动密集型行业的民营企业向资本和技术密集性行业的升级。

其次，尽管市场化改革对结构变动仅有一次性的作用，但市场化改革的推进及其发展水平决定了一国产业结构高度化水平。经济增长文献认为市场化改革对经济增长只存在一次性的短期的增长效应，但从长期来看市场化程度决定了经济发展水平。也就是说，尽管市场化进程的推进只能够一次性促进经济增长率的提高，但长期来看拥有良好市场机制的国家或区域往往拥有较高的人均产出水平（Klenow，2001）。根据这一逻辑我们可以推理：尽管市场化进程只能在短期内推动结构变动从而带来部门效率的提高，但长期来看市场化程度决定了一个国家或区域产业结构的高度化水平。历史事实也证明，只有市场机制较为完善的国家，才拥有较高的制造业发展水平。

因此，尽管在结构变动的生产率效应中市场化改革的贡献具有一次性的特征，但是对于我国这样一个转型国家而言，仍然需要进一步推动市场化改革尤其是要素市场改革以调整制造业结构，从而促进制造业部门生产率增长。另外，这一结论也说明只有技术进步等其他因素才能够推动长期的持续性的结构变动，从而带来部门生产率的提高。因此，下一节我们研究结构变动的生产率效应中技术进步的贡献。

第三节　结构变动的生产率效应中技术进步的贡献

改革开放后，随着对外开放程度深化，制造业行业引进、消化吸收了大量国外先进技术，同时我国制造业行业的自主创新能力也不断提高。这些都为我国制造业行业的技术进步提供了有利条件。但由于行业间技术特性、技术创新模式等方面的不同，技术进步速度存在明显差异，这种差异提供了生产要素跨行业流动的动力机制，引起了制造业结构变动。本章第一节的研究也发现技术进步是推动我国制造业结构变动的重要因素。本小节考察改革开放以来制造业结构变动的生产率效应中技术进步的贡献。首先，分析我国改革开放后不同行业技术进步状况，说明不同行业技术进步的差异性，这种差异性是制造业部门结构调整的基础；其次，利用偏离份额法测算结构变动的生产率效应中技术进步的贡献；最后，针对偏离份额法存在的不足，利用动态面板全面考察快速技术进步行业比重变动对制造业部门生产率增长的促进作用。

一 中国制造业分行业技术进步状况

经济学中存在多种衡量技术进步的指标，这里为了更好地服务于本书的研究目的，使用劳动生产率的增长率表示行业技术进步状况。表示技术进步状况的另外一种方法是全要素生产率的增长率，但是这种方法存在两方面的问题，一是全要素生产率增长并不完全来自技术进步，还可能来自规模经济，以及技术效率提高等，基于此，很多学者认为全要素生产率并不能代表技术进步；二是全要素生产率只能反映非体现型的技术进步，而无法反映资本投入中蕴含的技术进步，也就是资本体现式的技术进步（Nelson，Pack，1999；郑玉歆，1999；郭庆旺、贾俊雪，2005；林毅夫、任若恩，2007）。改革开放后我国处于快速工业化进程，资本快速积累过程中融合了技术进步。赵志耘（2007）、林毅大（2007）均认为资本积累是改革开放后我国技术进步的重要来源。并且，赵志耘（2007）进一步发现1990~2005年我国设备投资中所包含的技术进步率至少为5.1%~6.0%。劳动生产率的增长存在两个来源，一是技术进步，二是资本积累。由于技术进步和资本积累之间的相互融合，很难衡量资本积累中包含的非体现型技术进步。鉴于这一原因，同时结合改革开放后我国大量引进设备进行技术创新的事实，采用劳动生产率增长率能够更为全面地反映行业技术进步状况。

表5-5显示了1980~2011年28个制造业行业年均劳动生产率的增长率及其劳动力比重的变化状况。1980~2011年，几乎所有行业的劳动生产率均处于不断增长状态，但行业间劳动生产率增长速

度存在明显差异。通信设备制造业①年均劳动生产率增长最快，达到242.59%，主要原因是该行业受到 20 世纪 80 年代以来信息通信技术革命最直接的影响，技术进步速度比较快。而石油加工行业劳动生产率增长率最低，主要原因是该行业发展受到两个方面的制约：一是自然资源的限制，二是该行业是垄断行业，行业内竞争不充分限制了技术进步的速度。从行业类型来看，技术进步比较快的行业主要集中在技术密集型行业，如通信设备制造业，交通运输设备制造业、化学纤维制造业、医药制造业、专用设备制造业等。改革开放后，较高的研发支出强度推动了这些行业技术进步，从而带来了劳动生产率的快速增长。而劳动生产率增长比较慢的行业主要是一些劳动密集型以及资源依赖性行业，如家具制造业、皮革制品业、食品行业以及石油加工行业等。这些行业发展比较成熟，技术进步的空间有限。通过计算可知，行业间劳动生产率增长率的变异系数为 0.71，这说明行业间劳动生产率增长的差异性相对较大，也就是改革开放以来制造业行业间技术进步速度存在显著不同。

表 5-5 各行业劳动生产率年均增长率及劳动力比重变化

单位：百分点

行业名称	劳动力生产率年均变化率	劳动力比重变化
通信设备、计算机及其他电子设备制造业	242.59	7.01
交通运输设备制造业	143.48	1.66
化学纤维制造业	100.88	0.03
医药制造业	93.41	0.73
专用设备制造业	88.29	-4.13
烟草制品业	83.11	-0.11
印刷业和记录媒介的复制	80.13	-0.21

---

① 在这部分的分析中，我们将"通信设备、计算机及其他电子设备制造业"简称为"通信设备制造业"。

行业名称	劳动力生产率年均变化率	劳动力比重变化
食品制造业	70.43	-0.02
仪器仪表及文化、办公用机械制造业	66.84	-0.06
木材加工及木、竹、藤、棕、草制品业	65.05	0.63
饮料制造业	63.57	0.12
塑料制品业	62.02	1.25
通用设备制造业	57.73	-2.32
非金属矿物制品业	56.15	-6.59
农副食品加工业	55.70	0.30
电气机械及器材制造业	53.37	3.87
金属制品业	50.91	-1.43
纺织服装、鞋、帽制造业	50.68	0.66
家具制造业	47.39	0.09
造纸及纸制品业	37.69	-0.12
化学原料及化学制品制造业	37.03	-0.26
有色金属冶炼及压延加工业	36.23	0.80
黑色金属冶炼及压延加工业	34.72	-1.31
文教体育用品制造业	27.90	0.77
纺织业	25.39	-3.61
橡胶制品业	25.32	0.31
皮革、毛皮、羽毛(绒)及其制品业	24.92	1.63
石油加工、炼焦及核燃料加工业	-0.40	0.31

资料来源：作者整理。

表5-5中还包括了1980~2011年制造业分行业劳动力比重的变化。由表5-5可以发现，劳动力比重的变化远远小于技术进步速度。通信设备制造业劳动力比重增加了7.01个百分点，是所有行业中增长最多的。劳动力比重增加较多的行业还有交通运输设备行业、电气机械及器材制造业、医药制造业。这几个行业的劳动生产率增长比较快，从而吸引了更多的劳动力。另外，一些劳动生产率增长

比较慢的行业，其劳动力比重增长也很明显。例如，皮革制品行业的劳动生产率增长速度在 28 个制造行业中仅高于石油加工行业，但是该行业劳动力比重的增长排在所有制造业中的第四位。另外，化学纤维制品行业的劳动生产率增长很快，但是其劳动力比重仅有非常微小的上升。

二　结构变动的生产率效应中技术进步贡献的测算

这里我们利用偏离份额法考察结构变动的生产率效应中技术进步的贡献。偏离份额法由 Fabricant 在 1942 年提出，利用该方法可以将制造业部门劳动生产率增长率分解为内部效应和结构效应，而其中结构效应又可以进一步分离出技术进步的作用。该方法的具体分解过程如下。

$$LP = \frac{Y}{L} = \frac{\sum_i Y_i}{\sum_i L_i} = \sum_i \left[\frac{Y_i}{L_i} \frac{L_i}{\sum_i L_i} \right] = \sum_i LP_i \cdot S_i \tag{5.6}$$

其中，LP 表示劳动生产率，Y 表示增加值，L 表示劳动力数量，S 表示劳动力份额，i 表示制造业行业，$i = 1, 2, \cdots, 28$。在某一时间段内，假定基期用 0 表示，期末用 T 表示，该时期内制造业部门劳动生产率的增长可表示为：

$$\Delta LP = LP^T - LP^0 \tag{5.7}$$

（5.7）式可以进一步展开为：

$$\Delta LP = LP^T - LP^0 = \sum_i (S_i^T - S_i^0) LP_i^0 + \sum_i (S_i^T - S_i^0)(LP_i^T - LP_i^0) + \sum_i (LP_i^T - LP_i^0) S_i^0 \tag{5.8}$$

（5.8）式两边同时除以基期劳动生产率 LP^0 得：

$$\frac{\Delta LP}{LP^0} = \frac{LP^T - LP^0}{LP^0} = \underbrace{\frac{\sum_i (S_i^T - S_i^0) LP_i^0}{LP^0}}_{\text{结构效应 I}} + \underbrace{\frac{\sum_i (S_i^T - S_i^0)(LP_i^T - LP_i^0)}{LP^0}}_{\text{结构效应 II}} +$$

$$\underbrace{\frac{\sum_i (LP_i^T - LP_i^0) S_i^0}{LP^0}}_{\text{内部效应}}$$

$$(5.9)$$

在这里，式（5.9）右边第一项衡量了保持劳动生产率不变的条件下，结构变动带来的劳动生产率的增长率，也即由于劳动力在行业内重新分配而产生的部门生产率的增长，这被称为静态结构效应。静态结构效应为正，表示劳动力从低劳动生产率行业流向高劳动生产率行业，数值越大表明静态结构效应对部门生产率增长的作用越大。静态结构效应中并不包含技术进步的作用，其表达式中的生产率是基期生产率。

式（5.9）右边第二项衡量了结构变动的生产率效应中技术进步的贡献。技术进步较快的行业劳动生产率增长比较快，要素更多流向这一行业就会促进制造业部门生产率的提高。该项数值为正，表明劳动力资源从技术进步比较慢的行业流向技术进步较快的行业，该项数值越大表明快速技术进步对制造业部门生产率提高的作用越大，也就是结构变动的生产率效应中技术进步的贡献比较大。

式（5.9）右边第三项表明，行业内部的劳动生产率增长对总体劳动生产率增长的贡献，这被称为内部效应。内部效应实际上衡量了除结构变动以外其他所有因素对制造业部门生产率增长的贡献。

根据公式（5.9）计算各种效应对部门生产率增长的作用。同时，为了平滑经济周期造成的波动，我们将1980～2010年划分为1980～1985年、1986～1997年、1998～2010年三个阶段。具体结果如表5-6所示。

表 5 - 6　制造业劳动生产率增长率的分解

时间	劳动生产率的变化率	结构效应 I	结构效应 II	内部效应	结构效应 I 所占比重（%）	结构效应 II 所占比重（%）	内部效应所占比重（%）
1980～1985 年	0.1419	0.0020	-0.0075	0.1475	1.48	-3.07	101.9
1986～1997 年	0.6466	0.0445	-0.0079	0.6100	6.88	-1.22	94.28
1998～2010 年	4.8673	0.2395	0.0083	4.6195	4.92	0.17	94.91

资料来源：作者整理。

通过表 5 - 6 发现，三个阶段中，内部效应解释了制造业部门生产率增长的绝大部分。结构变动的生产率效应中技术进步的贡献在三个时间段的两个中为负数，也就是说劳动力这一要素并没有更多地流向快速技术进步行业。不过值得注意的是，随着时间的推移，技术进步的贡献不断增长，其中 1998～2010 年，技术进步的贡献为 0.17%。实际上这一结果和第四章中对结构变动的分析具有一致性，第四章中对制造业结构变动的研究发现，在 1996 年之前劳动密集型、技术驱动型等行业比重均呈现上升的趋势，但每种类型结构变动幅度比较小，这一时期的制造业结构变动没有明显的行业倾向，但是 1996 年之后制造业结构变动的典型特征就是技术密集型行业比重提高。尽管 1998～2010 年技术进步的贡献仍然很小，但是扭转了前两个阶段中技术进步贡献为负数的状况。

尽管改革开放后我国制造业结构变动的生产率效应中技术进步的贡献逐渐增强，然而即便是在 1998～2010 年结构变动的生产率效应中技术进步贡献仍然比较小。这和 Salter（1960）对英国的研究结论完全不同。Salter（1960）利用偏离份额法，研究英国 1924～1950 年制造业结构变动对部门生产率增长的影响，结论表明在此期间结构效应和产业内部生产率提高对于劳动生产率增长的贡献是同等重要的，并且结构变动的生产率效应中技术进步的贡献非常显著。

　　我们需要解释两种研究结果存在显著差异的原因。使用偏离份额法有两个前提条件：一是制造业内部的结构变动；二是技术进步的差异。生产要素越是更多地流向快速技术进步行业，技术进步的结构效应越是显著。而我国在 1980～2010 年，虽然不同行业技术进步速度的差异很大，也在一定程度上出现了劳动力结构变化，但是结构变动程度和技术进步的差异性并不匹配。利用回归方法分析行业劳动力比重上升和该行业技术进步之间的关系，并将我国的情况和 Salter（1960）研究的英国情况进行对比：英国在 1924～1950 年，技术进步引起行业劳动生产率上升 1%，则该行业的劳动力份额增加 1.4 个百分点；然而，我国在 1980～2010 年，技术进步引起行业劳动生产率上升 1%，则该行业在制造业中的劳动力份额仅上升 0.29 个百分点。[1] 这说明，与英国 1924～1950 年的情况相比，我国制造业行业的技术进步对于劳动力比重上升的作用不大。具体到行业来看，在技术进步最快的五个行业中，只有通信设备制造业和交通运输设备制造业的劳动力比重增长排在全部制造业行业的前五位，其余三个行业的劳动力份额增长相对较少，例如，技术进步速度排在第三位的化学纤维制造业，其劳动力比重仅增长了 0.03 个百分点，排在所有行业的第 16 位，技术进步速度排在第 5 位的专用设备制造业的劳动力份额降低了 4.13 个百分点。[2]

---

[1] 这一比较方法来源于 Fagerberg（2000）的研究。lfz 表示劳动力比重变化幅度，yfz 表示产值比重变化幅度，采用最小二乘法结果如下 ［Salter 英国样本回归结果来自 Fagerberg（2000）的研究］：

Salter 英国的样本（28 行业，1924～1950 年）　　　$lfz = -0.82 + 0.58yfz$　　$R^2 = 0.84$
　　　　　　　　　　　　　　　　　　　　　　　　　　(4.66)　(11.81)

我国制造业（33 行业，1980～2007 年）　　　　　　$lfz = 13.68 + 0.23yfz$　　$R^2 = 0.43$
　　　　　　　　　　　　　　　　　　　　　　　　　　(1.66)　(4.85)

根据以上回归，将解释变量 yfz 用（$yfz - lfz$）替代，所得到的系数就是劳动生产率变化 1% 所带来的劳动力比重的变化。这样做可以在一定程度上避免劳动生产率上升和劳动力份额增加之间的内生性问题。

[2] 作者计算得到。

三　对实证结果的进一步解释

（一）偏离份额法的局限性

上一小节利用偏离份额法分解的结果表明，改革开放以来制造业部门结构变动的生产率效应中技术进步的贡献非常有限。其原因在于快速技术进步行业的劳动力份额并没有大幅度增加。但是不能根据这一结果简单地否定结构变动的生产力效应中技术进步的贡献。偏离份额法的研究存在两个局限性。

首先，偏离份额法只能反映结构变动的生产率效应中所有行业技术进步的平均贡献，而不能反映某个行业技术进步带来的结构变动对制造业部门生产率的促进作用。在具体的分解过程中，由于行业特点的差异，技术进步对行业劳动力比重变化产生不同的影响，一些技术进步速度比较慢的行业其劳动力份额明显增加，如纺织服装行业。在利用偏离份额法计算过程中，这就抵消了一些快速技术进步行业的结构变动对制造业部门生产率的作用。因此，偏离份额法的分解并不能反映某些快速技术进步行业的结构变动对制造业部门生产率的作用。实际上，无论是罗斯托的"主导产业"理论，还是目前的演化经济学，对历次工业革命的研究均说明不同时期的经济发展总是由少数关键行业的技术进步所推动的。

其次，偏离份额法的分析只能反映结构变动的生产率效应中技术进步的直接贡献，而不能全面反映其间接贡献。第一，直接贡献就是快速技术进步行业通过其比重迅速扩大带动制造业部门生产率的提高。快速技术进步行业的生产率增长比较快，这些行业比重的上升就意味着高生产率行业替代低生产率行业，进而促进制造业部门生产率上升。第二，间接贡献主要是指快速技术进步行业的产出作为中间产品或者资本品进入其他行业的生产过程，从而促进其他行业生产率的提高。Peneder（2003）提出了"与用户相关的外溢"

的概念。具体来说，即由于使用某行业产品或服务而带来产出增加，但这一产出增加并未被该产品或服务的价格全部抵消，这就提高了使用者的生产率。也就是说，使用者生产率的提高并非来自其所在行业的技术进步，而是来自投入品行业的技术进步。另外，快速技术进步行业产品的广泛应用将引发其他行业生产过程、组织和管理的创新，这同样能够促进效率的提高（Fagerberg，2000）。例如，在过去几十年里，技术进步较快的通信设备制造业对于传统制造业组织方式、生产过程等方面的改变是革命性的。

通信设备制造业是 20 世纪 90 年代后信息通信产业革命的核心，也是改革开放后我国制造业部门中技术进步最为迅速的行业。交通设备制造、医药和化纤行业是除了通信设备制造业之外，技术进步最快的三个行业。因此，接下来我们利用动态面板计量模型衡量这些行业所占比重的变动对制造业部门生产率的促进作用。与偏离份额法不同，计量模型不仅能够衡量快速技术进步行业的结构变动对部门生产率的直接贡献，还能够反映其间接贡献。

（二）针对快速技术进步行业的全面分析

为了衡量一些快速技术进步行业的比重变动对制造业部门生产率的影响，选取制造业部门劳动生产率作为被解释变量，将通信设备行业劳动力份额变动作为解释变量。另外，还选取交通设备制造、医药和化纤三个行业劳动力份额变化之和作为解释变量，这些行业是除通信设备制造业之外，技术进步速度最快的三个行业。通过这两个解释变量研究快速技术进步行业的结构变动对制造业部门劳动生产率的影响。除此之外，加入一些控制变量：一是高等学校的招生人数，用以表示劳动力素质，也就是人力资本的积累；二是各地GDP 中的投资份额，用以表示资本存量；三是各地区人口数量，用以表示劳动力总供给量。

这里采用两步 SYS – GMM 方法进行估计。GMM 估计的一致性取决于工具变量的有效性，因此必须进行两个识别检验：第一，差分误差项的序列相关检验，以判断模型的残差序列是否相关；第二，Sargan 检验，用于判断模型中是否存在过度识别的约束。变量名称及符号见表 5 - 7。

表 5 - 7 变量描述

变量名称	符号	解释
实际劳动生产率	sjzz	实际劳动生产率(单位:元)。以 1999 年为基年,将其转化为实际劳动生产率
通信设备行业劳动力份额改变量	jsjzz	通信设备行业劳动力比重的差分(单位:%)
交通设备制造、医药和化纤行业劳动力份额改变量	qszz	三个行业劳动力比重的差分(单位:%)
高等学校招生数	gdzs	普通高等学校的招生人数(单位:人)
GDP 中的投资率	tz	按照支出法计算的 GDP 中的投资率(单位:%)
人口数量	rk	根据出生率和死亡率计算出来的人口数量(单位:千人)

资料来源：作者整理。

这里使用的样本为我国 29 个省份（西藏和青海因数据缺失未被包括在内）1999 ~ 2010 年省际面板数据，总样本使用"全部国有及规模以上非国有工业企业"这个统计口径下的统计数据，所用数据来自《中国统计年鉴》（2000 ~ 2011 年）和《中国工业统计年鉴》（2000 ~ 2011 年），以及《2004 年经济普查年鉴》。[1] 这里考虑到数据的可得性，用工业部门的实际劳动生产率指标替代制造业部门实际劳动生产率。由于缺失 1995 ~ 1998 年的分行业数据，因此样本始于 1999 年。

为了准确考察快速技术进步行业的结构变动对制造业部门劳动生产率增长的总作用，建立动态面板模型如下：

---

[1] 自 2009 年起国家统计局并未公布工业分行业的增加值数据，为计算 2008 ~ 2010 年劳动生产率，利用 2007 年工业增加值率计算出 2008 ~ 2010 年的工业分行业增加值。

$$\lg sjzz_{it} = \lg sjzz_{it-1} + jsjzz_{it} + qszz_{it} + \lg gdzs_{it} + tz_{it} + \lg rk_{it} + \varepsilon_{it}$$

其中，i 表示第 i 个地区，t 表示第 t 年，ε_{it} 表示随机误差。其中，为了减小异方差，对实际劳动生产率（$sjzz$）、高等教育招生数量（$gdzs$）以及人口数量（rk）取对数。对被解释变量取对数后，我们就可以由通信设备行业劳动力份额变动（$jsjzz$）以及另外三个行业劳动力份额变动（$qszz$）的回归系数得到这两个解释变量每增加 1 单位（也就是1%），制造业部门实际劳动生产率增加的百分比。回归结果见表 5 - 8。

表 5 - 8　回归结果

变量	（1）	（2）	（3）	（4）
$\lg sjzz_{t-1}$	0.9657***	0.9808***	0.9745***	-1.1063***
$jsjzz$	0.0478***	0.0434***	0.0480***	0.0501***
$qszz$	0.0168***	0.0176***	0.0215***	0.0161***
$\lg gdzs$		0.0195*	0.0103*	0.0019
$\lg rk$			0.3041***	0.2771**
tz				-0.0027***
_cons	-0.1958**	-0.1548	-3.246***	-3.1046***
wald	18278.31	18234.88	25636.16	25220.91
sargan	27.46	27.03	26.79	26.12
ar(1)	-4.15	-4.13	-4.12	-4.12
ar(2)	1.17	1.18	1.19	1.27

注：本书的估计采用 Stata 11.0 软件。回归系数上方的 *、**、*** 分别表示在 10%、5%、1% 水平上显著。

资料来源：作者整理。

表 5 - 8 中第（1）列的回归过程中没有包含任何控制变量，从中可以看出无论是通信设备制造业，还是另外三个快速技术进步行业的劳动力份额都与部门生产率有显著正向关系。为了考察回归系数的稳健性，我们在第（1）列的基础上逐步引入一系列控制变量，得到第（2）~（4）列的估计结果。

从第（2）～（4）列回归结果可以看出，随着控制变量的逐渐加入，两个关键变量，即通信设备制造业（*jsjzz*）以及另外三个快速技术进步行业的劳动力份额（*qszz*）的符号和显著性基本没有发生变化，这说明估计结果具有很好的稳健性。从检验统计量来看，Arellano-Bond AR（1）检验的 P 值小于 0.1，而 Arellano-Bond AR（2）检验的 P 值大于 0.1，说明差分后的残差项只存在一阶序列相关性，由此可以推断原模型的误差项不存在序列相关性。Sargan 检验的 P 值接近 1，说明工具变量的选取是有效的。回归结果说明在控制了投资、人力资本以及劳动力供给等因素后，快速技术进步行业的结构变动仍然是促进制造业部门劳动生产率增长的重要因素。由于这些行业在快速技术进步的同时并没有出现劳动力比重大幅度地上升，因此更多地通过"与用户相关的外溢"等间接贡献，促进制造业部门劳动生产率的提高。可以说，和 Salter（1960）的研究结果相比较，Salter 研究中快速技术进步行业更多通过直接贡献，也就是通过劳动力比重的增长促进制造业部门生产率提高。而以我国数据为基础进行的研究则表明，快速技术进步行业更多依赖间接贡献，也就是通过对其他行业的溢出效应促进制造业部门生产率增长。

在上面的计量分析中使用的是工业部门的数据，其中包含劳动生产率增长较慢的采掘业。因此，使用工业部门数据的计量结果会低估快速技术进步行业的结构变动对制造业部门生产率增长的作用。在其余控制变量中，高等教育的入学人数对于实际劳动生产率有正向促进作用，但是随着地区人口变量的引入，该变量不显著。主要原因是制造业劳动生产率的提高依赖熟练劳动力的供给，而高水平人力资本对于制造业部门实际劳动生产率增长的作用不明显。人口数量对于制造业部门劳动生产率增长存在显著的正向作用，人口数量增加一方面为工业提供了充足的劳动力，另一方面也为工业制成品提供了更为广阔的市场，劳动生产率会随着市场容量的增加而提高。但是投资对于劳动生产率增长的影响系数为负，可能的原因是这里的投资是整个社会的总投资，工业投资只占其中的一小部分。

综上所述，利用偏离份额法研究发现，结构变动的生产率效应中技术进步的直接贡献相当微弱。计量方法研究结果说明快速技术进步行业比重的增加仍然是促进制造业部门生产率增长的显著因素。由于计量方法的研究能够全面衡量快速技术进步行业结构变动对部门生产率增长的总效应，因此可以说，结构变动的生产率效应中技术进步的贡献主要是通过间接渠道实现的，也就是通过"与用户相关的外溢"促进其他行业生产率的上升，进而带动整个制造业部门生产率的增加。

第四节　小结

本章主要研究了改革开放后我国制造业结构变动的生产率效应，并进一步分析不同因素在这一过程中的贡献。

首先，利用细分行业面板数据考察了 1990 年以来影响我国制造业结构变动的显著因素。结果发现，技术进步以及市场化改革是影响我国制造业结构变动的重要因素。另外，消费结构变动和要素禀赋仅在少数时间区间显著影响制造业结构变动。

其次，本章分析制造业结构变动的生产率效应中市场化改革的贡献，研究发现①结构变动的生产率效应中市场化改革的贡献存在一次性的特点，在改革迅速推进的 20 世纪 90 年代其贡献较为显著，进入 2000 年之后其贡献并不明显。②市场化改革贡献中的绝大部分来自纠正劳动力价格扭曲的贡献，2000 年之后纠正资本价格扭曲的贡献呈现上升趋势，但其比重依然较小。③在实证分析的基础上进一步解释市场化改革贡献一次性的特点：市场化的结构变迁效应是资源无效配置和资源有效配置间的落差所形成的势能。这种势能来自要素从低边际产出行业向高边际产出行业流动。改革措施的实施一旦消除了这一势能，就不再对结构变动和部门生产率增长产生贡献，于是这就形成了市场化贡献一次性的特征。

最后，研究了结构变动的生产率效应中技术进步的贡献，结果发现：①结构变动的生产率效应中技术进步的贡献体现为两个方面，一是技术进步带来行业劳动力比重上升，从而带来制造业部门劳动生产率增加，这被称为直接贡献；二是快速技术进步行业通过"与用户相关的外溢"等，促进其他行业劳动生产率增长，进而提高部门劳动生产率，这被称为间接贡献。②利用偏离份额法衡量结构变动的生产率效应中技术进步的直接贡献，结果发现尽管技术进步的直接贡献随着时间推移有逐渐增加的趋势，但截至2010年这一贡献仍然相当微弱。出现这种状况的原因在于改革开放后，我国快速技术进步行业劳动力比重增加幅度有限，也就是劳动力并没有从技术进步比较慢的行业大量涌向技术进步快速的行业。③利用动态面板模型，全面衡量快速技术进步行业的结构变动对制造业部门生产率的作用。结果发现，这些快速技术进步行业劳动力比重的增加显著影响了制造业部门生产率提高。由于这些行业在快速技术进步的同时并没有出现劳动力比重的大幅度上升，因此对制造业部门劳动生产率的作用更多依赖间接贡献。

本章的研究结论有助于回答第四章中发现的问题：改革开放以来制造业结构变动对部门全要素生产率增长的作用随时间呈现递减趋势。其原因可以从以下角度进行分析：2000年之前的市场化改革对结构变动作用一次性释放，因此，这一阶段结构变动对全要素生产率增长的贡献比较大。快速技术进步行业的结构变动对部门生产率的作用更多通过间接渠道，并非通过吸纳大量要素投入实现。因此，2000年以来，一些行业快速技术进步并未带来要素的显著流入，表现为结构变动的生产率效应呈现下降趋势。

第六章　新产业革命背景下中国
制造业结构调整政策

我国经济在经历了 30 多年高速增长之后，进入"新常态"经济发展阶段。"新常态"的发展阶段弱化了对经济增长速度的要求，强调通过经济结构转变提高经济增长的质量。因此，本章研究如何更好地通过制造业结构调整促进部门生产率提高，实现制造业又好又快地发展。本章在前文研究的基础上，首先阐明未来我国制造业结构调整最重要的背景——新产业革命，在说明其内涵的基础上，分析新产业革命对我国制造业结构的影响及其促进部门生产率增长的渠道。这种特殊的结构调整背景在一定程度上影响我国结构调整政策导向。其次，说明目前我国制造业结构变动的现状。结构变动的现状既是以往结构调整的结果，又是未来结构调整的基础和起点。最后，在上述分析的基础上，指出未来制造业结构调整的政策导向。

第一节　新产业革命对制造业结构的
影响及其生产率效应

近两年来被频繁提及的"新产业革命"是未来我国制造业结构调整的重要经济背景。实际上，信息通信技术自 20 世纪 70 年代以来的快速发展以及 90 年代中期互联网的发展和普及，越来越显示出对经济社会的改造能力，而近年来纳米技术和生物技术等新兴领域的发展加快推进了社会经济发展模式的变化。历史经验表明产业革命是制造业结构调整的关键时期，一些国家通过抓住产业革命的机会实现赶超。鉴于新产业革命在未来经济发展中的重要性，各个国家不断推出有针对性的经济政策以抢占未来经济发展的制高点。德国政府 2013 年推出了以制造业智能化为核心的"工业 4.0"战略，以此提升未来德国制造业的竞争力。2014 年 6 月，日本政府通过的《制造业白皮书》指出，未来日本制造业结构调整的方向是机器人、下一代新能源汽车、再生医疗、3D 打印等，这些均是新产业革命的核心领域。实际上，我国政府"十二五"规划中强调的战略性新兴产业也是对新产业革命发展趋势做出的回应。本节着重讨论新产业革命的内涵，对我国制造业结构变动的影响以及这种结构变动对部门生产率的作用。

一　新产业革命的内涵

2011 年以来，关于新产业革命的著作和文章相继出现，最具有代表性的是 Rifkin 的《第三次工业革命》以及 Markillie 在《经济学家》杂志上发表的《制造和创新：第三次工业革命》。其中，Rifkin 认为第三次工业革命体现为新能源体系和新通信技术的结合；而 Markillie 则认为新材料和 3D 打印是第三次工业革命的基础。这里通过回顾以往产业革命的发生和发展，从历史角度界定正在发生的新产业革命。

产业革命实际上是以突破性技术创新为基础，通过技术、经济、政治以及文化等因素的相互作用，显著改变经济生产的过程。经济学者一般依据技术基础以及康德拉季耶夫长波，将 18 世纪以来快速经济增长过程划分为不同的阶段，每个阶段就是一次产业革命。Freeman 和 Louca（2007）将其划分为 5 个不同阶段。

第一，棉花、铁和水力时代。英国在这一期间处于领先地位。18 世纪末期纺织行业和冶铁行业中的新机器和新的冶炼方法的出现，使这两个行业的生产效率迅速提高。Paulinyi（1989）研究发现，1780～1810年每纺100磅棉的成本减少了数个数量级。1780～1840年廉价铁的供应从每年6万吨增长到每年200万吨。棉纺织行业和冶铁行业的蓬勃发展带动了整个英国工业生产力的快速提高。而水力则提供了廉价的运输方式，从而扩大市场范围、增加产品销售量。供给和需求同时扩张促进经济迅速增长。

第二，铁路、蒸汽机和机械化时代。这次产业革命始于19世纪30年代，蒸汽机代替水力成为动力源泉，人类的生产行为不再依赖于易受自然影响的动力来源，这就推动不同行业的机械化。蒸汽机在交通运输部门的应用，大大增加了铁路、轮船的运输能力和效率。其他制造业部门的机械化同样带来了生产能力的巨大提高。生产力的变动要求生产关系的改变，具体表现为金融市场的融资方式、企业组织管理制度等一系列经济制度的变化（钱德勒，1987）。

第三，钢铁、重工业和电气化时代。从19世纪80年代之后，技术进步降低了钢铁和电力的价格，廉价的钢铁和电力在当时就是一种新能源和新材料。这两个行业的发展结合在一起颠覆性地影响了生产组织方式。首先，企业内部管理体系发生改变，专业的经理人成为企业管理的核心。其次，产业组织方式发生改变，一些巨型企业逐渐成长起来，不完全竞争成为经济运行的常态。在这一转变过程中，英国未能及时进行相应的调整，在世界经济中的地位被美国所取代。

第四，石油、汽车、动力化和大规模生产时代。20世纪30年代后石油提炼技术快速发展，廉价的石油带动了汽车、飞机、拖拉机等运输工具在生产中的应用。在这些产业发展的基础上，大规模生产和大规模消费成为这一阶段经济运行的显著特征。

第五，信息通信技术时代。20世纪70年代之后芯片领域的技术进步引发了个人电脑的广泛应用。个人电脑和通信技术的结合加速了信息在世界范围内的快速传播。这次的产业革命正在不断发展深化，但是到目前为止信息通信技术对经济和社会的改变还远未得到充分的体现。

贾根良（2013）将 Freeman 和 Louca（2007）的划分方法与
Rifkin（2011）、Markillie（2012）提出的第三次工业革命相结合，
将 18 世纪末期以来的经济发展过程划分为三个阶段（见表 6-1）。
其研究认为 20 世纪 70 年代以来信息通信技术的快速发展只是第三
次工业革命的开端。除此之外，第三次工业革命还包括新能源革命、
制造业智能化革命、纳米革命、生物技术革命等。其中，制造业智
能化是信息通信技术在制造业中更广泛、更深入的应用。本书所说
的新产业革命等同于贾根良（2013）第三次工业革命。不过为了尽
可能避免争议，称其为新产业革命而非第三次产业革命。综合以上
观点，这次新产业革命和之前历次工业革命相似，其特点是紧密联
系的技术创新集群的共同爆发，具体体现为一些关键生产要素（新
材料等）、重要的新产品（智能机器人等）、新工艺（生产过程数字
化）和新的基础设施（新能源）。

表 6-1　工业革命的不同阶段

核心产业	冶铁行业、运输基础设施（运河和公路）	铁路运输、蒸汽机以及机器制造业	电力行业、钢铁行业	石油行业、交通运输设备制造业	芯片制造、计算机和电信行业	3D 打印、新能源、新材料行业
Freeman 等的划分方法	第一阶段：棉花、铁和水力时代（1771 年）	第二阶段：铁路、蒸汽机和机械化时代（1829年）	第三阶段：钢铁、重工业和电气化时代（1875年）	第四阶段：石油、汽车、动力化和大规模生产时代（1908 年）	第五阶段：信息通信技术时代（1971 年）	
贾根良的划分方法	第一次工业革命（1771~1875 年）		第二次工业革命（1875~1971 年）		第三次工业革命（1971 年~）	

资料来源：作者整理。

二　新产业革命对中国制造业结构调整的影响

新产业革命产生的基础是突破性的技术进步。正是这些重大的

技术革新改变了制造业结构。新产业革命的发生发展对制造业结构最显著的影响表现为新兴产业的出现。以往历次产业革命中均伴随着新兴产业发展壮大。例如，水力时代的冶铁行业、电气化时代的钢铁行业以及大规模生产时代的石油行业。需要着重指出的是，新产业革命对制造业结构影响还表现为新产业革命改变一个国家或区域的供给结构和对外经济关系，进而影响制造业结构。其中，供给结构主要是指要素禀赋状况和自然资源。而对外经济关系主要包括外商直接投资和进出口结构。这里我们重点分析新产业革命通过影响供给结构和对外经济关系对制造业结构的影响。

首先，新产业革命通过改变要素相对稀缺程度以及自然资源状况等供给结构间接推动制造业结构调整。新产业革命发生的基础是突破性技术进步。根据技术进步对生产中要素投入比例的影响，可分为中性技术进步和有偏技术进步。中性技术进步主要是劳动和资本的生产效率同比例增加，此时生产中劳动和资本的投入比例以及生产函数的产出弹性均不发生变化，因此中性技术进步的引入对不同要素需求的影响是对称的。而有偏技术进步则是在生产过程中更多使用生产率较高的要素，具体可以分为节约劳动型技术进步、节约资本型技术进步。有偏技术进步明显影响要素需求。这里以新产业革命中制造业智能化为例，说明新产业革命通过改变要素稀缺程度影响制造业结构的过程。制造业智能化具体体现为生产过程中易用机器人的广泛使用，以及3D打印技术带来的"一键"制造。这些技术革新的引入将会减少制造业生产过程中的劳动力投入。劳动力需求的下降影响了要素的相对稀缺程度，进而表现为要素相对价格的变化。制造业中其他行业根据这种要素价格变动调整生产活动，从而带来制造业结构变动。

新产业革命中的突破性技术进步还改变了自然资源的丰裕程度。技术进步改变自然资源的状况包括两个方面，一是发现新的资源，我们目前能够开发利用的资源仅仅是自然界资源中很少的一部分；

二是发现已有资源的新用途，或者能够更为有效利用已有资源。自然资源变化对制造业结构的影响需要具体结合制造业行业进行说明。制造业内部不同行业对自然资源的依赖关系存在两种情况。一种是在生产过程需要大量使用自然资源。新产业革命在一定程度上克服了产业发展的资源约束，推动这些产业比重的上升。例如，近年来美国页岩气开采技术的进步，带来了页岩气产量的提高，这就降低了电的价格，2012 年美国波士顿地区商业电力客户的电价下调了34%，这就使得一些更为依赖电力的行业迁移到该区域，引起该区域制造业结构调整。还有一些行业对自然资源的依赖更多表现为其产品消费过程中和自然资源的互补关系，如汽车行业。20 世纪石油资源的开发利用，带来了汽车行业的快速发展，而汽车工业对钢铁、橡胶、玻璃等行业产生拉动作用，又促进了这些行业的发展。

其次，新产业革命还通过改变一个国家的对外经济关系，影响制造业结构变动。对外经济关系主要体现为进出口和外商直接投资。新产业革命对我国对外经济关系的影响表现在以下两个方面。一是新产业革命将会削弱我国制造业建立在低成本基础上的比较优势，而强化发达国家技术、人力资本等高端要素的比较优势。例如，新产业革命中的智能化制造降低了生产过程中所使用的劳动力，减少劳动力成本在生产成本中所占的比重。新能源技术和新材料技术降低了制造业对化石能源以及自然矿藏的依赖程度，降低了这些行业生产过程中带来的环境成本。因此，新产业革命改变不同国家之间的比较优势状况，进而改变一国的进出口结构以及承接外商直接投资的状况，这些都会影响制造业结构。二是新产业革命带来的差异化生产代替标准化大规模生产推动了全球范围内的生产组织方式的改变。新产业革命促使一些制造业行业的生产模式从大批量的标准化生产转变为大批量的差异化生产。差异化生产的前提是详细了解消费者的特殊需求，这就要求生产地点接近消费市场。在这种情况下，全球范围内片段化的生产组织方式不具备竞争优势。新产业革命所带来的差异化生产要求研发、设计、生产、销售等环节在空间上集中，于是发达国家的一些制造业行业进行本土化生产，一些定位于我国的劳动密集型加工环节会发生回流的现象。这在一定程度上也会影响我国的制造业结构。

三　新产业革命背景下制造业结构变动对生产率的影响

以前历次产业革命所带来的结构变动均显著促进了生产率增长。产业革命背景下，结构变动对制造业部门生产率增长的影响来自两个方面。首先，新兴产业是技术进步最快，同时也是生产率飞速上升的行业，这些行业比重的上升促进了制造业部门生产率增长。其次，一些传统行业利用新兴产业的突破性技术进步提高行业生产率，这也能够促进制造业部门生产率增长。本小节分别说明新兴产业和传统产业的结构变动对制造业部门生产率增长的促进作用及其影响因素。

第一，新兴产业通过快速扩大规模，提高其经济比重，促进制造业部门生产率增长。一般来说，新兴产业技术进步速度比较快，有着较高的生产率增长率，这些行业比重的提高实际上是高生产率行业替代低生产率行业，因此必将带来制造业部门生产率的增长。新兴产业在制造业部门中的比重提高越快，制造业部门生产率增长越快。需要指出的是，新兴产业比重增长的快慢，取决于新兴产业面临的需求特点。新产业革命背景下，新兴产业的出现是突破性创新的结果，如果这些创新是工艺创新，提高了产品质量，那么该产业产出和其他产业产出之间交叉替代弹性越大，该行业比重增加就越快，这是通过替代其他产业产出扩大市场需求。如果这些创新是产品创新，增加产品种类满足新的需求，那么该产业和其他产业产出之间需求交叉价格弹性越小就越有利于促进新产品需求的快速扩张，新兴产业比重增加也就越快。例如，一项针对美国的研究发现，收音机和自动洗衣机同时在 20 世纪 20 年代早期引入美国，但收音机的需求增长速度非常快，而自动洗衣机的需求明显慢于收音机，其背后的原因是对收音机而言不存在比较好的替代品，而自动洗衣机和已经存在的手动洗衣机之间存在较强的替代性（法格博格，2009）。Tellis（2003）对 20 世纪下半叶欧洲国家的研究也发现了类似的现象。

第二，新产业革命中新技术对传统产业的改造也能够促进部门生产率增长。通常经验认为传统产业比较成熟，其技术和市场条件变化缓慢。20 世纪 90 年代互联网的迅速兴起凸显了新兴产业发展的重要性，各个国家政府均强调新兴产业在经济发展和结构变动中的重要作用。欧盟最早注意到这种过分强调新兴产业而忽视传统行业的倾向，在 2005 年开展了"低技术产业政策与创新"的研究。该研究认为即便是在发达经济体中，低技术产业及中低技术产业对经济的贡献率超过高技术产业（许超，2011）。传统产业结构变动对部门生产率增长的作用取决于这些传统行业生产率提高的程度。

新产业革命背景下，新兴产业的发展为传统产业提供了更多的创新机会，实施这些创新能够提高传统行业的生产率。传统产业的创新不同于以高新技术为主的新兴产业的创新。一是传统行业较少通过正式的科学和技术学习进行创新，其创新更多通过"干中学"和"用中学"发生在实践层面，而新兴产业创新更多体现在研发支出强度和专利数量等方面。二是传统行业的创新活动来源于上游设备供应商或者原料供应商提供的新产品等，其创新更多表现为新兴产业中新技术的应用和扩散等（Pavitt，1984）。例如，纺织行业的创新表现为使用机械设备制造业提供的新机械或者使用化学纤维行业提供的新型纺织纤维。近期的一些文献提出使用"已获得的R&D"衡量技术创新。该指标计算了一个行业所使用的资本品和中间产品中所包含的 R&D。这种衡量方法能够较为准确地测算那些并不以 R&D 投入为主要创新来源的传统行业的创新强度。利用这种方法的实证研究发现，从高技术行业到低技术行业"已获得的 R&D"与直接 R&D 的比例快速上升。这说明在传统行业中也存在着非常活跃的创新行为（法格博格，2009）。迈克尔·波特（2005）通过分析企业内部值链指出，传统的低技术行业生产经营过程中需要用到几乎所有新兴产业的高新技术产品。实际上新产业革命背景下，新兴产业的产品创新就是传统产业的过程创新、组织创新，这些创新又进一步推动传统产业的产品创新。这些创新推动了传统产业生产率的提高，进而促进制造业部门生产率提高。

第二节　中国制造业结构调整的现状

2008 年的金融危机深刻改变了国际国内的经济环境，本节主要讨论 2008 年以来我国制造业结构变动趋势。把握这些趋势是我们制定未来制造业结构调整政策的起点。为了更为准确地把握这一变动趋势，我们分别考察金融危机前后，我国制造业产出、劳动力以及资本比重的变化状况。

首先，表 6 - 2、表 6 - 3 列出了 2000 ~ 2008 年、2008 ~ 2011 年制造业产出比重增长最快及最慢的六个行业。

表 6 - 2　2008 ~ 2011 年、2000 ~ 2008 年产出比重增长最快的六个行业

单位：百分点

2008 ~ 2011 年	比重变化	2000 ~ 2008 年	比重变化
交通运输设备制造业	1.31	通信设备、计算机及其他电子设备制造业	6.66
非金属矿物制品业	0.73	交通运输设备制造业	2.98
医药制造业	0.53	电气机械及器材制造业	0.83
化学原料及化学制品制造业	0.50	有色金属冶炼及压延加工业	0.70
农副食品加工业	0.33	专用设备制造业	0.69
专用设备制造业	0.32	通用设备制造业	0.44

资料来源：作者整理。

表 6 - 3　2008～2011 年、2000～2008 年产出比重增长最慢的六个行业

单位：百分点

2008～2011 年	比重变化	2000～2008 年	比重变化
通信设备、计算机及其他电子设备制造业	- 2.45	非金属矿物制品业	- 2.03
黑色金属冶炼及压延加工业	- 0.57	纺织业	- 1.27
纺织业	- 0.36	饮料制造业	- 1.12
纺织服装、鞋、帽制造业	- 0.25	农副食品加工业	- 1.07
烟草制品业	- 0.23	烟草制品业	- 0.91
印刷业和记录媒介的复制	- 0.21	金属制品业	- 0.76

资料来源：作者整理。

结合表 6-2 和表 6-3 可以知道，2008 年前后制造业产出结构发生显著变化。最明显的是通信设备制造业，2000～2008 年，其产出比重是所有制造业中增长最多的，然而 2008～2011 年，其产出比重是减少最多的。另外，在 2008～2011 年，农副食品加工业产出比重增长相对比较多，该行业属于消费品行业，按照制造业结构变动的一般规律，在经济增长的起飞阶段，消费品行业发展比较快。在我国经历了 30 多年的高速经济增长之后，该行业产出比重的增加在一定程度上是经济波动的结果。金融危机对其他依赖出口的外向型行业影响比较大，而农副食品加工业更多依赖消费和国内市场，需求收入弹性比较小，因此，在这种特殊背景下出现产出比重增长的状况。

从表 6-2 和表 6-3 还可以知道，在 2000～2008 年，发展最快六个行业中，除了有色金属冶炼及压延加工业之外，其余的五个行业均属于机械设备制造行业[①]。由于 2000～2008 年这些行业快速发

---

① 按照产品的主要用途，可将全部工业行业分为采掘业，消费品加工业、材料加工业，金属制造加工业、机械设备制造业，其他行业等六大类。其中机械设备制造业包括通用设备制造业、专用设备制造业、交通运输设备制造业、电气机械及器材制造业、通信设备、计算机及其他电子设备制造业、仪表及文化、办公用机械制造业。

展，截至 2008 年，这五个细分行业在全部制造业中的比重接近
50%，可以说机械设备制造业，在整个制造业部门中居于主导地
位。[①] 通信设备、计算机及其他电子设备制造业，交通运输设备制造
业，专用设备制造业等行业为其他行业提供生产工具和机械设备，
在经济发展过程中具有基础性的作用，是其他行业实施技术改造、
技术进步的基础，这类行业的快速发展是我国实现产业结构升级的
前提。然而，在 2008～2011 年，这些机械设备制造业的发展趋势并
不突出。在产出比重增加较多的行业中，属于机械设备制造业的只
有交通运输设备制造业和专用设备制造业，其余的几个行业包括医
药制造业、非金属矿物制品业、化学原料及化学制品制造业、农副
食品加工业。其中，非金属矿物制品业和化学原料及化学制品业均
属于重化工业，是高能耗、高污染行业，非金属矿物制品业在
2000～2008年是产出比重下降较多的行业。这几个行业产出比重在
2008～2011年快速增加的原因，一是金融危机之后，我国中央政府
和地方政府推出了规模较大的投资方案，而非金属矿物制品业、化
学原料及化学制品业均是受固定资产投资需求影响比较大的行业，
投资需求的释放是促进这些行业产出快速增长的主要原因（吕铁，
2007）；二是我国已经进入快速城市化阶段，金融危机并未改变这一
基本发展趋势，城市化推进是影响我国制造业结构变化的重要力量，
城市化带来大量基础设施建设和住房建设，这必然拉动非金属矿物
制品业和化学原料及化学制品业的发展。

　　产出结构的变化容易受到经济环境的影响，为了更为准确地把
握 2008 年以来我国制造业结构变动的趋势，这里进一步分析制造业
部门细分行业劳动力比重和资本比重的变化趋势。劳动力比重变动
趋势如表 6 - 4 和表 6 - 5 所示。

---

① 作者计算得到。

表 6 - 4　2008 ~ 2011 年、2000 ~ 2008 年劳动力比重增长最快的六个行业

单位：百分点

2008 ~ 2011 年	比重变化	2000 ~ 2008 年	比重变化
通信设备、计算机及其他电子设备制造业	1.82	通信设备、计算机及其他电子设备制造业	4.45
交通运输设备制造业	1.67	纺织服装、鞋、帽制造业	2.38
电气机械及器材制造业	0.83	电气机械及器材制造业	1.17
食品制造业	0.26	皮革、毛皮、羽毛（绒）及其制品业	0.97
农副食品加工业	0.23	家具制造业	0.47
塑料制品业	0.13	仪器仪表及文化、办公用机械制造业	0.44

资料来源：作者整理。

表 6 - 5　2008 ~ 2011 年、2000 ~ 2008 年劳动力比重增长最慢的六个行业

单位：百分点

2008 ~ 2011 年	比重变化	2000 ~ 2008 年	比重变化
纺织业	- 1.56	纺织业	- 2.86
纺织服装、鞋、帽制造业	- 0.93	非金属矿物制品业	- 1.91
专用设备制造业	- 0.42	化学原料及化学制品制造业	- 1.70
黑色金属冶炼及压延加工业	- 0.35	黑色金属冶炼及压延加工业	- 1.37
非金属矿物制品业	- 0.33	通用设备制造业	- 1.04
皮革、毛皮、羽毛(绒)及其制品业	- 0.23	印刷业和记录媒介的复制	- 0.64

资料来源：作者整理。

由表 6 - 4 可知，在 2000 ~ 2008 年，劳动力比重增加最快的六个行业中有三个是技术密集型：通信设备、计算机及其他电子设备制造业，电气机械及器材制造业以及仪器仪表及文化、办公用机械制造业，其余三个是劳动力密集型，包括纺织服装、鞋、帽制造业，皮革、毛皮、羽毛（绒）及其制品业以及家具制造业。在 2008 ~

2011年，技术密集型行业劳动力比重上升的趋势仍在继续，并且，通信设备、计算机及其他电子设备制造业，交通运输设备制造业以及电气机械及器材制造业的劳动力比重增长位于所有制造业行业的前三位。不过在2008~2011年，纺织服装、鞋、帽制造业以及皮革、毛皮、羽毛（绒）及其制品业劳动力比重的变化趋势发生逆转，这些行业成为劳动力比重减少较多的行业，发生这一改变的原因在于：与其他一些发展中国家比较，我国劳动力成本的比较优势正在逐渐弱化，我国制造业就业人员工资不仅高于越南、泰国等周边发展中国家，也高于印度、巴基斯坦、斯里兰卡等其他发展中国家。由于我国劳动力成本持续上升，劳动密集型产业利润率整体下滑，从2006年开始，陆续有大量外资企业把劳动密集型生产线从中国内地转移到劳动力相对便宜的越南、柬埔寨、印度等国。在2010财年，耐克在全球共有37%的运动鞋产自越南，23%产自印度尼西亚，2%来自泰国，1%来自印度，34%来自中国。这是首次出现"越南制造"超过"中国制造"，这意味着国际市场上比较优势的变化势必带来制造业结构的相应调整（周劲，2013）。2008~2011年，食品制造业和农副食品加工业取代纺织服装、鞋、帽制品业以及皮革、毛皮、羽毛（绒）及其制品业成为劳动力比重增长较快的行业。尽管食品制造业和农副食品加工行业也依赖劳动力投入，但是这些产业和纺织服装业以及皮革制品业等有所区别，这些行业更多依赖国内需求，受出口需求和我国比较优势变化的影响相对比较小。因此，2008~2011年，食品制造业和农副食品加工业的产出比重和劳动力比重均出现显著上升。

表6-5显示了两个时间区间劳动力比重快速下降的行业。从劳动力比重下降的行业来看，2000~2008年，主要是纺织业和一些重化工业行业的劳动力比重呈现下降趋势，在劳动力比重下降最多的六个行业中有三个是重化工业，分别为非金属矿物制品业、化学原料及化学制品制造业、黑色金属冶炼及压延加工业。在2008~2011年，纺织业和两个重化工业——黑色金属冶炼及压延加工业、非金

属矿物制品业——劳动力比重继续下降，因此，可以说目前我国劳动力流动的趋势是从一些传统的劳动密集型行业和重化工业流向技术密集型行业和食品行业。

资本比重变动的趋势如表 6 - 6 和表 6 - 7 所示。综合表 6 - 6 和表 6 - 7 可知，2000 ~ 2008 年，资本比重下降最快的三个细分行业均是重化工业行业：化学原料以及化学制品业，黑色金属冶炼及压延加工业，以及石油加工、炼焦及核燃料加工业。这一期间，比重增加的行业主要是技术密集型，如医药制造业等，以及在当时具有比较优势的纺织服装、鞋、帽制造业等。而 2008 ~ 2011 年，资本比重变化趋势发生了明显改变，一些重化工业行业的资本比重增加比较快，如黑色金属冶炼及压延加工业，石油加工、炼焦及压延加工业，有色金属冶炼及压延加工业等。这一变动趋势，更多的是在金融危机特殊经济背景下的暂时调整。以黑色金属冶炼及压延加工业为例进行说明，自 2003 年以来该行业固定资产投资占全国固定资产投资比重整体呈下降趋势，金融危机之后，我国政府出台了大规模投资计划以及"十大产业振兴规划"，再加上一些地方政府的税收高度依赖该行业发展，这些因素推动了对该行业的投资，2009 年、2010 年该行业投资相对比较高（张琳，2014）。这就使得 2008 年以来该行业资产比重出现增加的趋势。但是，产能过剩一直是该行业存在的严重问题，其利润水平比较低，产出增长缓慢，其产出比重并未出现快速增长的状况，可以说该行业投资比重上升是特殊经济背景下的暂时现象。另外，需要指出的是，2008 ~ 2011 年，一些技术密集型行业并未表现出资本比重快速上升的趋势，在六个资本比重增长比较快的行业中只有两个技术密集型行业：电气机械及器材制造业、交通运输设备制造业。这也说明我国一些技术密集型行业的发展更多依赖劳动力，如通信设备、计算机及其他电子设备制造业，这一行业的迅速发展是国际垂直分工的产物，我国更多承接了依赖劳动力的生产环节。

表 6 – 6　2008～2011 年、2000～2008 年资本比重增长最快的六个行业

单位：百分点

2008～2011 年	比重变化	2000～2008 年	比重变化
电气机械及器材制造业	1.56	金属制品业	1.94
黑色金属冶炼及压延加工业	1.15	塑料制品业	1.17
交通运输设备制造业	0.76	电气机械及器材制造业	1.09
农副食品加工业	0.69	纺织服装、鞋、帽制造业	1.06
石油加工、炼焦及核燃料加工业	0.68	医药制造业	0.80
有色金属冶炼及压延加工业	0.56	木材加工及木、竹、藤、棕、草制品业	0.79

资料来源：作者整理。

表 6 – 7　2008～2011 年、2000～2008 年资本比重增长最慢的六个行业

单位：百分点

2008～2011 年	比重变化	2000～2008 年	比重变化
纺织业	– 1.10	化学原料及化学制品制造业	– 3.94
医药制造业	– 0.44	黑色金属冶炼及压延加工业	– 3.01
饮料制造业	– 0.39	石油加工、炼焦及核燃料加工业	– 1.61
印刷业和记录媒介的复制	– 0.36	纺织业	– 1.13
通用设备制造业	– 0.36	烟草制品业	– 1.10
食品制造业	– 0.36	化学纤维制造业	– 0.98

资料来源：作者整理。

　　综合以上分析，可以知道，金融危机之前，我国制造业结构变动的趋势是一些技术密集型行业以及当时具有比较优势的劳动力密集型行业比重增加；而金融危机之后，我国制造业结构调整进程在一定程度上受国际市场需求波动的影响，产出比重并未表现出指向技术密集型行业的变动趋势。但从劳动力比重和资本比重的变动来看，技术密集型产业仍然是未来结构调整的方向。另外一个显著的

变化是金融危机发生前具有比较优势的劳动密集型行业在危机之后其产出比重和劳动力比重发生逆转，均呈现下降状况，一方面是由于受金融危机影响国际经济环境发生变动，另一方面是由于我国比较优势的变化。对于这类行业而言，单纯依赖廉价劳动力的发展方式不可持续，实施产品升级、过程升级等是未来发展的方向。需要说明的是，尽管一些重化工业行业的产出比重和资本比重在2008～2011年出现上升的趋势，但是针对具体行业分析，发现这种比重上升是金融危机之后经济波动的反映，这些行业并不是未来我国制造业结构调整的方向。

前文的研究表明，2000年之后制造业结构变动对部门生产率的促进作用相对比较小，其原因可以从两个方面进行说明，一是2000年之后市场化改革更多体现为完善现有市场经济制度，对制造业结构变动的作用相对较小。这点可以从结构变动程度进行说明。Dietrich（2012）、Cortuk和Singh（2011）使用修正了的Lilien index（MLI）指数表示结构变动程度。这一指数最初Lilien（1982）用来测量不同时期行业增长率的标准差，Stamer（1999）修正了这一指标，将其作为反映结构变动程度的指标，$MLI = \sqrt{\sum_i x_{it} x_{is} \left(\ln \frac{x_{it}}{x_{is}} \right)}$，其中$x_{it}$和$x_{is}$分别表示第$t$和第$s$年$i$行业产出比重。1986～2000年间，我国制造业部门平均结构变动度为0.103；而2000年以来为0.062。2000年之后的结构变动程度相对比较小。市场化改革所带来的结构变迁效应，是资源无效配置和资源有效配置之间的落差所形成的势能，这种势能来自纠正要素扭曲配置时，要素从低边际产出行业向高边际产出行业流动带来的部门生产率水平上升。20世纪80年代末和90年代，是我国市场化改革推进最迅速的时期，这一时期构建了市场经济体制的基本框架，经济运行机制从计划经济转变为市场经济，这些改革措施的实施一旦消除资源扭曲配置所累积的势能，就不能够再对结构变动和部门生产率增长产生贡献。

另外，2000 年以来，我国制造业结构调整的方向是技术进步速度比较快的通信设备制造业、电气机械及器材制造业以及仪器仪表制造业等技术密集型的机械设备行业。虽然受到 2008 年金融危机的影响，这些行业的产出比重在危机后存在一定程度的波动，但是从劳动力比重和资本比重来看，这些行业依然是未来制造业结构调整的方向。尽管这些行业技术进步速度比较快，然而，这种技术进步带来的结构变动对部门生产率的促进作用，并非直接通过吸纳更多生产要素，大幅度提高其在制造业部门中的比重得以实现，而是通过对制造业部门中的其他行业进行改造升级等产生溢出效应，进而提高整个制造业部门的生产率。

第三节　新产业革命背景下中国产业政策的核心

"产业政策要准"是 2015 年底中央经济工作会议提出的推进深化经济改革的五大政策支柱之一，也是经济发展的现实要求。一方面，中国经济发展已进入新常态，未来的增长不可能建立在增加要素投入、实施技术模仿的基础上，提高生产率是促进经济增长的根本动力；另一方面，第三次工业革命已经拉开帷幕，产业间技术经济关系面临本质改变，赶超的"机会窗口"和结构调整的巨大压力同时存在。另外，中国产业政策实施过程中存在的痼疾以及并不理想的实施效果，也亟待产业政策调整。

中国产业政策存在一个明显倾向：非常强调和重视高新技术产业发展，相对忽视传统产业（张明之、邱英汉，2003；郭怀英、王昌林，2004）。例如，《中国制造 2025》列出了未来要大力发展的制造业重点领域，这些领域全部集中在信息技术、新材料以及生物医药等高新技术产业。另外，中央政府《"十三五"规划》提出了"优化现代产业体系"，其中着重强调"支持战略性新兴产业发展"，而传统产业只是高新技术产业的改造对象。不仅中央政府的产业政策存在明显高新技术产业倾斜，地方政府的产业政策也是如此。从各地的"十三五"规划建议可以发现，23 个省市强调高新技术产业快速发展，将其作为主要规划目标。

改革开放以来，中国产业政策的高新技术产业偏向，的确有助于快速提升高新技术产业在经济中的比重。电子及通信设备制造业是信息革命的核心行业，也是具有代表性的高新技术产业。1980～2010 年，该行业在制造业增加值中的比重上升了 17.13 个百分点，在所有制造业行业中，比重增长最快。但是，比重快速增长的背后是中国高技术产业低端化的现实，中国高新技术产业的增加值率是23.19%，远低于意大利（32.17%）、加拿大（34.16%）、英国（38.16%）、日本（38.17%）、德国（40.15%）、美国（41.12%）（高莉，2010）。另外，高新技术产业比重增加并不意味着中国制造业产业升级以及制造能力的提升。世界银行的报告显示，中国自1992 年以来，出口产品的技能密集程度并没有显著变化。大量高性能制成品的背后是复杂精密的制造工艺，这些工艺能够以经济可行的成本生产出大规模高品质的产品。比重的增加并不必然带来制造能力的提升。过分强调高新技术产业的发展还造成地方官员经济上的"财政收入竞争"和政治上的"晋升竞争"，具体体现为：不顾当地经济水平、技术状况和要素禀赋，片面追求高新技术产业发展，形成区域之间的"发展高新技术产业"的竞争，造成要素低效配置、区域产业同构，贻误当地经济发展。

一　高新技术产业和传统产业的互动是产业政策的核心

高新技术产业是各国产业政策重点关注的对象，但是无论是实践上还是理论上都存在对高新技术产业的严重误读。片面强调高新技术产业在整体经济中的比重，背离了高新技术产业比重上升促进经济增长的基本原理。与此同时，传统产业被严重忽视，最终影响高新技术产业的健康发展和传统产业升级。片面强调高新技术产业的比重增加并不可取,高新技术产业和传统产业的互动是结构调整促进经济增长的关键。

第一,高新技术产业并不在产出数量上占优势。

从产出数量上看,高新技术产业只占经济总体很小一部分。与实践中以及理论界片面强调高新技术产业发展不相称的是,高新技术产业在整体经济中的比重。根据 OECD 2011 年的统计,OECD 国家中,美国高技术产业增加值占制造业增加值的比重最高,达到 21.2%,然而,当年美国制造业占 GDP 的比重大约为 12.13%,高新技术制造业在整体经济中的比重不超过 3%。对于处于发展阶段的中国而言,这一比例更低。2010 年中国高技术产业总产值占制造业总产值比重仅为 12.3%。中国国家标准产业分类的 37 个两位数工业门类中,高技术产业只有 7 个。

第二,高新技术产业和传统产业分类的模糊性。

从产业分类的角度看,高新技术产业和传统产业的分类并不十分精确,采用这种分类的最主要原因是统计便利。产业分类基于生产活动之间的相似性,这种相似性主要体现在两个维度,一是所生产的产品和服务,二是在生产过程中使用的技术和工艺流程。需要注意的是,随着经济和技术的不断发展,产业间边界逐渐模糊,这是因为,技术和工艺流程具有溢出效应,最初产生于某个产业的新技术,最终会扩散到它所能够带来收益的一切产业。随着时间推移,产业分类在学术研究中的作用越来越小。例如,丹麦在传统部门(食品加工业)中具有比较优势,但是,其生产过程却是传统部门中大量运用高新技术的典范。高技术产业和传统产业分类并不能帮助我们准确把握不同生产活动的技术特点。目前,各国对高新技术产业的界定大多以 OECD 界定为基础。OECD 依据研发支出强度界定高技术产业,研发支出强度大于 5% 的产业被认为是高新技术产业。2015 年,中国制造业行业研发支出强度最高的两位数行业是铁路、船舶、航空航天和其他运输设备制造业,但也只有 2.3%。所以,高新技术产业更多是从统计角度提出的分类标准，科技进步以及不同区域经济发展状况的差异，使得这种分类只具有参考价值。

第三，高新技术产业和传统行业存在复杂的技术经济联系。

产业间的联系也决定了高新技术产业和传统产业的发展互为前提，相辅相成。需要注意的是，这里所说的产业间联系并不仅仅意味着里昂惕夫投入产出理论中的物质关联。投入产出表所关注的是，某一特定时间点，产业间的相互依赖性，主要从静态资源配置角度将经济描述为一个跨部门的均衡系统。但投入产出表并未涉及知识、知识产权和信息在不同产业间流动的事实。实际上，产业间的无形联系对产业发展和创新更为重要。知识、技术和信息在不同产业间的流动，使得不同产业如同线条一般相互交织，最终构成了复杂网络。"任何人，只要曾拉扯过毛线衫上一根松线头，就会知道这种联系产生不可预测的结果"（皮萨诺、史等，2014）。产业间关联如此重要，以至于工业行业发展类似于生物学物种发展，都是在错综复杂的生态系统中进行的。一个健康协调的制造业生态系统有助于促进产业良性发展。高新技术产业发展需要传统产业的配合。蒸汽机车的发明离不开对热力学领域的深刻理解；也离不开纺织机械产业所推动的精密机床的技术进步；而机床性能的提升则需要高强度钢的供给，这样才能保证生产出不易变钝的切削工具。

传统产业并不必然意味着是低技术的停滞部门，可以说，传统产业这一分类本身就是一种贴标签的做法。传统产业是制造业生态系统的重要组成部分，它和高新技术产业之间并非泾渭分明，界限清晰。高新技术产业的发展离不开占经济体绝大部分的传统产业发展，并且产业间知识和技术联系决定了传统产业是高新技术产业发展的基础平台，高新技术产业是传统产业改造升级的动力来源。总之，高新技术产业和传统产业之间健康协调的互动，才是产业发展、经济增长的关键。

二 "高新技术产业"误区和结构变动促进经济增长机制

片面强调高新技术产业主要基于以下理由:高新技术产业是技术进步速度比较快、生产率增长率比较高的行业,有着较高的利润率和人均收入水平,因此发展高新技术产业能够快速提高国家(或区域)的经济增长速度。这一认识背后的经济逻辑是:快速提升高新技术产业在经济中的比重,就是用生产率增长比较快的产业替代生产率增长比较慢的产业,通过这种替代,整个经济产生一个相对较快的经济增长速度。基于这种逻辑,快速提升高新技术产业在经济中的比重就成了产业政策的核心。

(一)高新技术产业促进经济体生产率增长的两种渠道

实际上,高新技术产业促进整个经济体生产率增长的作用,主要通过以下两个渠道实现。

第一,直接渠道。高新技术行业通过其比重增加促进经济总体生产率的快速提高。高新技术行业中创新机会较多,技术进步速度快,有着较快的生产率增长率。某一经济体中,高新技术行业比重增加,也就意味着要素不断从低边际产出行业流向高边际产出行业,即便是要素投入数量不变,这种调整也会促进整体经济生产率的提高,从而带来经济发展和人均国民收入增加。对"高新技术产业"的误读,就是持这一观点,忽略了高新技术产业促进经济增长的间接渠道。

第二,间接渠道。间接渠道主要是指,高新技术产业的新产品或新技术作为投入品,带来其他产业生产过程、生产工艺的改变,以及新产品的出现,促进其他产业生产率增长率的提高,进而推动整体经济增长。具体来说包括两个方面,首先,"与用户相关的外溢",高新技术产业的产品作为投入品进入下游产业的生产过程,在快速技术进步的背景下,高新技术产业产出价格不断下降,将其作为投入品带来的产出增加并未被成本增加所抵消，这就提高了下游产业的生产率，这种生产率增长并非来自该产业自身的技术进步，而是来自生产投入品的高新技术产业的技术进步；其次，高新技术产业的新产品或新技术作为中间投入品进入下游产业，必然带来生产组织方式和管理方式创新、产品创新及过程创新，这些创新也会推动生产率的快速提高。发电机取代蒸汽机的过程，对企业而言是革命性的流程再造；同样的，传统产业企业信息化的过程，也是企业生产过程的全面改造和重新组织。

高新技术产业比重增加促进生产率增长的不同机制对应不同的产业政策。如果高新技术产业比重增加更依赖直接渠道促进生产率增长，那么，产业政策的首要任务就是要增加高新技术产业的比重。如果高新技术产业比重增加对生产率增长的促进作用更多来自间接渠道，那么，就不应该片面强调高新技术产业的比重增长，产业政策的重心应该是促进高新技术产业的新产品和新技术向其他产业扩散和使用。因此，确定产业政策重心，需要首先把握哪种渠道在结构变动促进经济增长过程中占主导地位。

（二）高新技术产业主要通过间接渠道促进生产率增长

一些文献针对这一问题进行实证研究。Jorgenson（2005）研究发现指向信息技术制造业的结构调整是 20 世纪 90 年代中期美国经济强劲复苏的原因。据其测算，4 个信息技术制造产业占美国 GDP 的 3%，贡献了这一时期美国经济复苏的 25%；17 个密集使用信息技术的产业占美国 GDP 的 25%，贡献了经济复苏的 25%。Fagerberg（2000）研究了 OECD 国家 1973～1990 年指向高新技术产业的结构变动。该研究发现，这一时期的结构调整更多的是通过间接渠道促进生产率增长，也就是说，仅从直接渠道来看，高新技术产业比重上升，并未对整体经济的生产率增长有明显的促进作用。其原因是：尽管以信息技术制造业为代表的高新技术产业的发展速度很快，有比较高的生产率增长率,但其在整体经济中所占比重相对有限,因此,通过直接渠道促进生产率增长作用比较微弱。以信息技术制造业为代表的高新技术产业,主要通过间接渠道促进生产率增长,也就是,作为投入品改造其他产业生产组织方式和管理方式、引发产品创新和工艺创新等,以促进其他产业生产率增长,进而带动整体经济增长。Pender(2003)采用和 Fagerberg(2000)不同的计量方法,杜传忠等(2013)等利用中国数据的研究均验证了 Fagerberg(2000)的研究结论。Atkinsom(2009)对信息技术产业的研究也发现,单纯发展高新技术产业并不能推动经济增长,对于一个大国而言,其生产率增长并非主要来自高生产率增长产业,而是来自所有组织和产业,甚至低生产率产业。实际上,一个经济体生产率增长的 80% 来自正在提高自身生产率的组织,只有 20% 来自更高生产率的产业替代低生产率的产业。单纯依靠高新技术行业比重增加只能带来非常有限的生产率增长。

综合 Fagerberg(2000)、Pender(2003)、杜传忠等(2013)、Atkinson(2009)的研究,可以得出一致观点:高新技术产业主要通过间接渠道促进整体经济生产率增长。高新技术产业在整体经济中只占非常小的比重,通过直接渠道,也就是其比重增加,对经济增长的作用相对有限。指向高新技术产业的结构变动更多地通过间接渠道——促进其他行业生产率提高——带动整体经济增长。结构调整促进经济增长的这一模式不仅表现在目前信息革命过程中,在之前历次工业革命中都有体现。例如,电子、化学行业的发展影响众多生产消费品和资本品的产业。

需要指出的是,并不是在所有经济发展阶段,指向快速技术进步的产业结构调整都是通过间接渠道促进生产率提高和经济增长的。Salter(1960)研究英国 1900~1950 年制造业结构变动对劳动生产率增长的影响,发现直接渠道在促进生产率增长中发挥显著作用。其原因是,在 20 世纪上半期,技术进步比较快的行业在生产率增长的同时都吸纳了大量劳动力，而信息革命背景下，行业劳动生产率的增长并未带来其就业份额的显著增长。英国在 1900~1950 年，劳动生产率上升 1%，则该产业的劳动力份额增加 1.4 个百分点；然而，Fagerberg（2000）对 OECD 国家 1973~1990 年的研究发现，劳动生产率增长 1%，该产业的劳动力份额仅上升约 0.7 个百分点；中国 1980~2010 年期间，劳动生产率上升 1%，则该产业劳动力份额仅上升 0.29 个百分点（杜传忠等，2013）。这和制造业的发展趋势是一致：随着经济发展水平的提高，制造业在经济中的作用更多体现为创新的载体及其外部性，而不是吸纳更多就业。

三　高新技术产业和传统产业互动的复杂性与产业政策空间

高新技术产业的新产品、新技术应用或扩散于其他行业，并不是一个自然而然的平滑过程。19 世纪末期的电气化过程中，有关电的基础理论以及早期的用电设备等更多出现在英国和欧洲大陆，然而，电气化进程最快的却是美国。结构调整过程中，高新技术产业和传统产业的互动是一个复杂运作系统，这里着重强调理论和实践中容易忽视的两个关键节点。在这些关键节点中存在产业政策进一步调整和发挥作用的巨大空间。

（一）传统产业在互动过程中的主体性地位

高新技术产业和传统产业互动，一方面表现为传统产业在高新技术产业发展过程中的支撑性作用；另一方面表现为传统产业吸收高新技术产业的新成果进行产品创新和过程创新。这里强调的是：传统产业在高新技术产业新成果基础上进行产品创新是高新技术产业和传统产业互动的重要形式，并且传统产业是实施这种产品创新的主体。

首先，传统产业的产品创新是高新技术行业和传统行业互动的重要形式。现有产业政策把高新技术产业和传统产业互动默认为：

传统产业采用高新技术产业的新技术或者新产品，改造生产过程或生产工艺，通过过程创新降低成本，以此获得竞争优势。实际上，降低成本的竞争最终变成"比赛谁最先触底"，低成本并不能维持长期的竞争优势。利用高新技术产业的新产品和新技术进行产品创新——而非过程创新——才是两者互动的关键。例如，汽车产业在信息产业发展基础上进行的产品创新。尽管现代汽车仍然是复杂的机械构造物，但是从发动机运行到气囊配置等各种功能则全部由计算机控制实现，可以说，汽车早已演化为一种离不开复杂软件的机电结合体。

其次，传统行业是推动这种产品创新的主体。现有产业政策往往把高新技术产业作为"高新技术行业和传统行业互动"的主体和推动者，其措辞往往是"以高新技术行业改造传统行业"。孙喜（2013）研究了1970年以来柴油机吸收ICT进行产品创新的过程。其研究发现，实施这一产品创新的主体并非ICT行业，而是柴油机行业。一些柴油机企业经过漫长的试验、试错、改进等，将ICT技术和柴油机工作原理相结合，将柴油机由机械结构转变为电控系统。

（二）基础设施在互动过程中发挥润滑剂功能

广义的基础设施包括制度基础设施、经济基础设施和社会基础设施。其中，制度基础设施包括政治制度、经济制度、法律、政策法规等约束和协调人们行为的一整套上层建筑；经济基础设施是广义的社会运输系统，包括交通运输、邮电通信等；社会基础设施主要包括文化教育、卫生等。各种基础设施在产业发展中的重要性已经毋庸置疑。这里强调的是，基础设施的及时调整和发展能够协调高新技术产业和传统产业互动，发挥润滑剂的作用。

首先，制度基础设施的调整和转变能够降低两个产业互动的交易成本。可以把经济体中的任何一个产业看作准独立的子系统，准独立是指不同子系统有着自身的发展变化的规律，但是，这一规律并不完全由产业自身所决定，还受到其他因素的影响，因此称之为"准独立"。产业间的经济技术联系决定了不同子系统间存在互动和耦合。子系统间的顺畅耦合能够促进整个经济系统生产率快速提高，由此带来经济增长。然而，子系统也会存在彼此间的滞后，这就减缓生产率增长和经济增长的速度。给定产业的产品、技术状况，则整个经济系统处于均衡状态。随着子系统中新产品或技术进步的出现，整个产业系统的互动和耦合偏离原有的均衡状态，此时，子系统间的耦合并不匹配，各种经济冲突频繁发生。这种情况就要求进行相应的制度创新，协调不同子系统达成新的和谐互动、共同发展。例如，随着信息技术的发展和完善，互联网等技术创新应用于教学或照顾老年人是高新技术产业和传统产业的互动趋势。这种产业间结合能够提高学生或者老年人的能力和福祉，同时还能降低教育和看护费用。但是，现有相关制度并不允许学校采用互联网的教学代替传统课堂教学，也不允许医院等相关机构采用互联网技术实施看护。也就是说，现有法律法规使得高新技术产业和传统产业互动的交易成本无穷大，导致这种互动不能发生。另外，还有一些产业间的互动尽管并没有被明确禁止，但由于相关法律、法规的缺失和滞后，交易成本较高。因此，相关制度的及时调整能够降低交易成本，促进产业间的互动。

其次，完善的经济基础设施能够降低高新技术产业和传统产业互动的生产成本。例如，在电力革命的背景下，覆盖广泛的电力网络，降低了企业转变动力来源的生产成本，加速了电力在全社会的应用和扩散。

最后，社会基础设施发展有利于建立健全要素市场，促进产业间的互动。在19世纪末期的电力革命中，美国把握技术范式转变的机会实现经济赶超，英国在这一过程中发展迟缓，Freeman（2004）将其原因归结为英国滞后的教育体系，认为英国的教育体系并没有为新兴工业的管理和技术发展提供技能型人力资源。19世纪70~90年代，美国建立了新的技术教育机构，为经济生产活动提供了大量高素质的工程师，英国并没有为中低水平技术和手工技能提供系统的教育和培训。英国的非全日制培训和"在职"的教育传统，对于以机械技巧为基础的早期工业革命技术是适用的，但是，越来越不适用于和电力技术相关联的技能。新产品和新技术在其他行业应用的速度常常取决于相关条件的成熟程度，当新的基础设施建立起来，拥有合格技能的技师随处可见，消费者态度和法律环境对新技术更有利的时候，新技术或新产品就迅速扩散开来。

目前，中国在利用产业政策促进结构调整过程中，更侧重于采用目录指导、市场准入、项目审批等直接干预措施，给予符合条件的企业，尤其是一些高新技术企业，以信贷、税收和土地优惠。一方面，忽视了传统产业吸收、利用高新技术产业新成果的主要形式以及主体性地位；另一方面，忽视基础设施尤其是制度基础设施在产业互动中的重要性。最终造成：产业政策着力点存在偏差；中央政府和地方政府的产业政策缺乏层次性；以及地方政府产业政策目标的趋同性、手段的对抗性。

四　未来中国产业政策的调整

未来中国产业政策需要从以下几个方面做出调整。

(一) 产业政策着力点调整：注重推进高新技术产业和传统产业互动发展

现有产业政策更为注重高新技术产业发展，把高新技术产业作为改造传统产业升级的主体，未来产业政策应注重高新技术产业和传统产业的互动，尤其要重视传统产业利用高新技术产业成果的主体性作用。具体来说做到以下两点。

首先，产业政策尽可能模糊产业的界限，从针对性地支持制造业中的特定产业转变为支持某种特定的制造能力。特定的制造能力不仅包括高新技术，还包括传统产业的工艺、产品和技术，并且，制造能力还体现了两者之间的配合与连接程度。可以说支持特定的制造能力是推动高新技术产业和传统产业互动发展的具体体现。

其次，注重提升传统产业的吸收能力。传统产业是吸收高新技术产业新成果的主体，其吸收能力是影响两个产业互动的重要因素。提升传统产业的吸收能力可以采取以下措施。一是通过创新券，推动传统产业企业和大学以及科研机构合作，"购买"来自大学等知识生产机构的专业知识，这有利于企业提出合理的技术创新项目、评估创新项目的可行性、把握新技术的发展趋势等。二是针对传统产业创新的特点，提供相应的税收抵扣，刺激传统产业的创新投资，例如，企业培训费用、购买设备等项目的税收抵扣。传统产业的创新并非体现为研发支出，更多体现为更新机械设备、提高人员技能等，这些项目的税收抵扣有助于增加传统产业创新的积极性。三是强化传统产业企业间的创新合作，尤其是以通用技术为基础的合作，通过整合相关的研究人员、大学以及相关研究机构，推动整个产业的技术升级。

（二）产业政策分工调整：中央政府和地方政府的产业政策各有侧重

中央政府产业政策的重心集中于以下几个方面。一是通过投资于基础科学研究，推动高新技术产业的发展，具体来说包括谨慎选择相关基础研究项目、增加对基础研究的投入、强化高端科研人员的培养、通过研究津贴促使产业和大学形成合作研究的伙伴关系等。二是改革教育体系，尤其是确定未来的教育战略，通过调研大量企业，了解未来企业需要的技能类型，在此基础上，提出教育体系改革的目标，以便未来的毕业生能够支撑以创新为核心的产业发展战略。三是改革政府管理体制，强化对相关政府部门的监管，降低政策的寻租空间；转变政府工作程序，扩大参与政策制定的主体；协调不同政府部门的政策目标、手段等，提升产业政策的一致性和系统性；构建政策的绩效评估机制，适时调整政策目标和政策手段。

地方政府产业政策侧重于推动本地需要的应用性和开发性研究，投资于支撑当地产业发展的相关技术；对本区域所面临的技术难题给予竞争性的科研资助；积极促进学术界和区域工业界的产学研合作网络；制定针对制造业一线工人的培训政策，培育当地劳动力市场，构建良好的区域产业生态系统。

（三）地方政府产业政策调整：构建区域间产业政策的协同关系

具体来说要做到：一是改革地方政府考核体制，从原有的最终绩效考核转变为过程考核，侧重考核地方政府在产业发展过程中推进制度创新、教育改革以及提供相关的基础设施的进展状况；二是建立健全相关法律法规，以规范区域间的竞争，限制区域间的竞争手段、竞争行为，严禁区域之间"重商主义"式的无序竞争；三是中央政府设立针对传统产业的创新基金，奖励传统产业创新活动表现突出的区域，以此激励各个区域高新技术产业和传统产业互动。

第四节　新产业革命背景下中国制造业结构调整的政策导向

为提高我国制造业结构变动对部门生产率的促进作用，提升制造业增长的质量，本节以前文实证分析结论为基础，结合我国制造业结构调整的现状，考虑到新产业革命的特殊背景，说明我国制造业结构调整的政策启示，这也是未来我国制造业结构调整的政策导向。

一　推进新兴产业和传统产业联动发展

对我国制造业结构调整现状的研究发现，我国制造业结构变动的趋势，一是指向通信设备制造业等新兴行业，二是指向依赖劳动力的传统行业，如食品行业等。并且，可以预期在新产业革命背景下，还会有新能源、新材料等其他新兴产业的发展壮大。对于我国这样一个发展中大国而言，妥善处理新兴产业和传统产业关系不仅关系到结构变动的生产率效应，而且关系到稳定就业、社会健康发展。我国劳动力供给绝对量依然十分庞大，一些传统产业发展依赖于劳动力资源，这些行业发展是保证就业和社会稳定的基础（曲玥、蔡昉、张晓波，2013）。另外，还有一些观点基于动态比较优势理论，强调扶植、培育特定的新兴行业，新兴行业有着较快的技术进步速度，其比重的增加能够拉动整体经济增长。一些研究提出平衡新兴产业和传统产业的发展问题，并给出了处理两者关系的思路和建议（韩小明，2000；辜胜阻，2001；厉以宁，2005；熊勇清，2011）。本书实证检验了制造业结构变动的生产率效应中技术进步的贡献，发现快速技术进步行业的贡献主要来自间接渠道，通过对其他行业的溢出效应促进制造业部门生产率增长，并非依赖行业比重上升促进部门生产率增长。另外，我们对新产业革命中技术变化的分析也发现，新产业革命背景下新技术领域不断出现，新技术领域中的核心技术可以产生一个新的产业，新产业革命中的技术变化就体现为这些核心技术与传统技术的重新组合，这实际上就是通过新兴产业对传统产业的改造，实现整个社会经济系统技术进步以及经济增长。

因此，在未来新产业革命背景下，我国制造业结构调整的目标可以确定为，通过发展新兴产业，促进原有传统产业的技术改造、技术革新，从而推动整个制造业部门生产率增长和竞争力提高。未来结构调整过程中，推动新兴产业发展的目标不能局限于其比重上升，更重要的是新兴产业中的新技术、新产品对其他传统行业的扩散和改造。这种变化就要求摒弃原有结构调整过程中，单纯追求新兴产业发展，把新兴产业比重的上升作为制造业结构调整目标的做法。例如，我国政府的"十二五"规划制定了产业结构调整的定量指标：到 2020 年，战略性新兴产业在国民经济中的增加值比重争取达到 15% 左右。未来制造业结构调整过程中需要强调新兴产业对传统产业的溢出效应，通过相应的政策设计，强化这种溢出效应。

二　协同区域制造业结构调整

新产业革命背景下，新兴产业和传统产业互动发展，整个国家产业结构呈现螺旋上升趋势（孙军、高彦彦，2012）。对于我国这样一个区域经济发展水平以及技术积累存在明显差异的大国而言，各地区工业化进程不同，需要因地制宜、区别对待，协调不同区域制造业结构调整。2010 年我国政府针对新产业革命的发展趋势，提出未来结构调整的方向是发展战略性新兴产业。截止到 2010 年 7 月，25 个省份把新能源及其相关设备制造业作为重点发展的产业（田杰堂，2011）。新兴产业发展过程中出现重复投资、结构趋同等现象，同时多晶硅、锂电池以及风电设备等新兴产业形成产能过剩的局面（何勇，陈扶宜，2013）。这些现象反映了我国制造业结构调整过程中，地方政府缺乏相应的理论指导，片面追求新兴产业的发展，将结构调整作为目标而非手段。实际上，推动制造业结构变动仅仅是实现生产率增长和竞争力提高的手段而非目的。判断结构调整是否合理的标准主要依据其对生产率和经济增长的作用。

本书的研究显示快速技术进步行业对部门生产率增长的贡献并非通过其比重增加实现，而是通过对其他行业的溢出效应推动部门生产率增长。因此，发展技术进步速度比较快的高新技术行业或者是战略性新兴产业并不是每一个区域的唯一的、必然的选择，并未发展这些行业的区域仍然可以通过溢出效应享受到快速技术进步行业对部门生产率的促进作用。根据这一结论，不同区域应根据经济发展水平和技术积累状况选择多样化的制造业结构调整道路，对于一些相对落后区域而言，更重要的是采取适宜措施更大程度地获取其他区域高新技术产业所带来的溢出效应。这在新产业革命背景下尤为重要，新技术、新兴产业的涌现提供了更加多样化的结构调整方向。对于我国而言，一方面需要依据比较优势实施区域制造业结构调整，另一方面又需要把握新产业革命发展的机遇，实现赶超。这就需要协同区域制造业结构调整的方向，本书的结论说明了重点发展传统产业的区域，并不必然错失发展新兴产业带来的经济利益。

三 及时捕捉制度调整空间

前文的研究发现，2000 年之后结构变动的生产率效应中市场化改革的贡献逐渐减小，甚至在某些时期是负数，这也说明我国制造业内部仍然存在要素扭曲配置。未来我国进一步完善市场机制的任务依然十分艰巨。并且，根据我们的研究，市场化改革的贡献更多来自纠正劳动力配置扭曲，而纠正资本配置扭曲的贡献微乎其微，因此，对于处于转型阶段的我国而言，仍然需要采取措施进一步推进市场化改革，尤其是资本市场的市场化改革。

另外，新产业革命背景下，完善市场经济体制也有其特殊性。上文的分析中指出新产业革命过程中存在显著的制度变化。实际上不同阶段的产业革命中市场经济制度的内容是不同的。随着产业革命的发展，技术不断变化，市场制度的内涵和外延也发生改变。新产业革命背景下推进市场化进程，需要顺应制造业技术智能化、即时代发展趋势，及时捕捉制度变化的空间。这种制度调整并不局限于完善市场经济的基本框架，减少产业间资源配置的扭曲状况，这种调整还要顺应新产业革命发生发展的背景，通过市场制度的调整促进新兴产业发展以及传统产业升级改造。出于这一目的，制度调整需要注意两个方面的导向，一是注重制度的选择功能，新产业革命过程中创新集中出现，市场经济制度提供了最基本的选择功能，通过具体的市场机制识别主导技术路线，确定未来技术发展的方向等。二是要注意具体经济制度差异对新产业革命背景下制造业结构调整的影响。Gerschenkron（1962）分析了19世纪末期德国资本市场制度与英国的差异，并指出这种差异是德国在第二次工业革命中成功进行产业结构调整、促进经济增长的重要原因。19世纪后半期，在当时工业高度发达的英国，其商业银行和动产信贷是截然不同的融资机构，银行只是短期资金的来源，银行和提供国家经济长期投资的动产信贷之间存在不可跨越的鸿沟。而德国的银行把动产信贷和商业银行的短期行为成功结合起来，具有全能银行的特征，这极大地扩充了德国的工业投资，是19世纪末期德国化学工业快速发展的基础。

四　选择性政策转变为功能性政策

21世纪之后，我国密集推出各种工业结构调整政策，然而这些政策的实施在一定程度上扭曲了要素配置，不适宜的政策手段阻碍了结构调整的进程（江飞涛、李晓萍，2010）。这主要体现在，我国现有的产业政策是选择性产业政策，这种产业政策通过主动扶持某些产业，尤其是新兴产业，加快产业结构调整的进程，实现经济高速增长（刘爱莲，2012）。选择性产业政策的依据是赶超理论，其政策手段更依赖于政府发挥作用，通过政府替代市场达到结构调整的目的。吴敬琏（2009）指出，2003年以来，政府对企业微观经济活动的干预程度明显加强。具体而言，目前我国制造业结构调整过程中，选择性产业政策主要存在以下弊端。一是涉及行业太多，扶植重点不突出。我国选择性的产业扶植政策几乎涉及所有产业（江飞涛、李晓萍，2010）。可以说这些政策并没有体现为对具体行业的扶持，更多体现对行业内具体企业的倾斜。二是产业政策过于细化。我国结构调整政策涉及行业内产品、工艺和技术的选择，以及用行政手段促进国家支持相关产品、技术等投资。例如，2013 年国家发改委等部门编制了《战略性新兴产业重点产品和服务指导目录》，该目录涉及 7 个新兴行业、24 个重点方向下的 251 个子方向，共计 3100 项细分产品和服务。实际上，产品、工艺和技术均是企业在具体经营过程中，根据不断变化的市场竞争环境，随时调整的决策变量，很难对其做出准确预测。三是倾向于采用直接强制性手段推动政策实施，而非通过间接手段利用市场机制引导资源配置，实施结构调整。例如，"指导目录"是我国结构调整政策中常用的手段，然而"指导目录"往往和项目审批、信贷优先、税收优惠以及土地优惠等相联系，绝非单纯地"指导"。

选择性的产业政策不适合在新产业革命背景下实施结构调整。选择性产业政策的前提是政府确定未来一个国家或区域的主导产业。第二次世界大战之后，无论是汽车，还是钢铁、船舶等行业，在当时的发达国家已经是相对成熟的产业，有明确的技术路线和商业模式，这就为实施追赶提供了目标和前提。而在新产业革命背景下，新兴产业只是初见曙光，其技术发展路线、市场需求以及商业模式等并不确定。新兴产业的发展以及新技术对传统产业的改造等都需要通过市场选择，经过市场检验才可以确定。因此，在这种背景下，有必要变选择性产业政策为功能性产业政策。功能性产业政策强调经济自由发展，市场机制发挥基础性作用，政策着力点集中于完善基础设施、促进人力资本投资，维护公平的市场竞争环境等，以此提升资源配置效率，同时筛选出发展较快的行业和企业以实现结构调整。

第七章 结论

第一节 主要结论

本书从理论分析和实证检验两个层面系统讨论了制造业结构变动对部门生产率增长的影响机理及其生产率效应，取得了如下结论。

第一，在分析消费需求、技术进步、要素禀赋以及制度供给等影响结构变动因素的基础上，将结构调整影响部门生产率的机理归纳为产业间要素流动机制、产业内分工深化机制以及企业效率提升机制等。

第二，利用不同的分类方法，研究改革开放后我国制造业结构的变动趋势。从投入产出关系划分行业的研究发现，改革开放后我国资本品行业比重一直呈现快速增加趋势，而消费品行业比重呈现先快速上升，后缓慢下降趋势。而中间产品行业比重自改革开放以来呈现下降趋势。另外，对要素密集度划分行业的研究发现：1996年之前资本密集型行业和劳动密集型行业比重下降，市场驱动型行业和技术密集型行业比重上升，但各类行业比重变动幅度不大，变化最为显著的是资本密集型行业，其变动幅度也只有10个百分点左右。1996年以来，制造业结构变动突出表现为技术密集型行业的比重快速增加，截止到2011年其比重上升接近20个百分点，通信设备、计算机及其他电子设备制造业的快速发展是造成这种变动趋势的主要原因。需要引起注意的是，2006年之后我国技术密集性行业比重上升的状况戛然而止，此后的一些年份还出现了下降趋势。

第三，鉴于数据的可获得性，本书研究了 1986～2011 年期间我国制造业结构变动对部门生产率增长的作用。研究结果发现，制造业结构变动对部门全要素生产率增长的作用表现为以下态势：结构变动对生产率增长的贡献在 20 世纪 90 年代最高，尤其是 90 年代前半期。进入 21 世纪后，结构变动对生产率的促进作用小于 20 世纪 90 年代。平均而言，在整个研究期间，结构变动解释了全要素生产率增长的 7.39%。

第四，利用制造业两位数行业的面板数据考察了 1990 年以来影响我国制造业结构变动的显著因素。结果发现，技术进步以及市场化改革在多个时间区间均是影响制造业结构变动的显著性因素，而消费需求和要素禀赋在较少的时间区间内显著。

第五，根据实证分析的结果可以知道，结构变动的生产率效应中市场化改革的贡献具有一次性的特征。在改革迅速推进的 20 世纪 90 年代，市场化改革的贡献相对较大，而进入 21 世纪后其贡献相对较小。出现这种结果的原因是：市场化改革带来的结构变迁效应可以被看作资源无效配置和资源有效配置之间的落差所形成的势能，改革的推进一旦消除了这种势能，就不能够再对结构变动和部门生产率增长产生贡献，于是就形成了市场化贡献一次性的特征。本书的研究还发现市场化改革贡献的绝大部分来自纠正劳动力价格扭曲，2000 年之后纠正资本价格扭曲的贡献呈现上升趋势，但其比重依然很小。需要进一步说明的是，市场化改革贡献减弱的结论并不意味着市场化改革并不重要，一方面对于处于转型阶段的我国而言，仍然存在阻碍要素自由流动的制度性因素，另一方面，研究结论仅说明市场化改革的贡献并不具备增长效应，但发达国家发展的历史说明，市场化发展水平决定了制造业结构的合理化和高度化水平，可以说市场机制的贡献更多体现为水平效应。因此，未来仍然需要通过深化改革完善市场经济机制。

第六，研究结构变动的生产率效应中技术进步的贡献发现以下几点。①结构变动的生产率效应中技术进步的贡献体现为两个方面，一是技术进步带来行业比重上升，从而带来制造业部门生产率增加，称其为直接贡献；二是快速技术进步行业通过"与用户相关的外溢"等，促进其他行业生产率增长，进而提高部门生产率，称其为间接贡献。②利用偏离份额法衡量结构变动的生产率效应中技术进步的直接贡献。结果发现，尽管技术进步的直接贡献随着时间推移有逐渐增加的趋势，但截止到2010年，这一贡献仍然相当微弱。出现这种状况的原因在于改革开放后，我国快速技术进步行业劳动力比重增加幅度有限，也就是劳动力并没有从技术进步比较慢的行业大量涌向快速技术进步行业。③利用动态面板模型全面衡量快速技术进步行业的结构变动对制造业部门生产率的作用。结果发现，这些快速技术进步行业劳动力比重的增加显著影响了制造业部门生产率提高。由于这些行业在快速技术进步的同时并没有出现劳动力比重的大幅度上升，因此制造业结构变动对部门生产率的作用更多地依赖间接贡献。

第七，结合实证研究的结论以及未来新产业革命的发生发展，制造业结构调整的政策需要注意以下几个方面，一是新兴产业和传统产业的联动发展，二是区域制造业结构协同调整，三是及时捕捉制度调整空间，四是变选择性政策为功能性政策。

第二节　研究展望

本书尝试分析改革开放后我国制造业结构变动对其生产率的影响，并进一步研究在这一过程中不同因素的贡献。然而，由于相关条件的限制，本书的研究还存在改进的空间，这也是未来的努力方向，具体如下。

首先，受到产业分类和数据可得性的限制，本书主要对制造业两位数细分行业结构变动进行分析。目前的制造业两位数细分行业很难体现产业间的差异性。产业通常被认为是具有相似生产性活动的集合，传统观点认为，不同产业部门的差异性不仅体现在产业产出上，而且体现在生产技术和工艺上。实际上，随着经济发展，不同行业的边界在以上两个维度变得模糊（法格博格、莫利、纳尔逊、2009）。例如，我们将通信设备、计算机及其他电子设备制造业全部划分为技术密集型行业，实际上这些行业不同生产阶段的技术和工艺并不具备同质性，一些生产环节更多依赖于廉价劳动力进行简单的组装活动。可以说制造业两位数细分行业更多体现了根据产出差异的行业划分。受限于数据可得性而依照两位数制造业行业进行的结构变动分析过于粗糙。在未来数据可得的前提下，应针对具体的两位数行业，研究其内部三位数或者四位数细分行业的结构变动，以求更准确地反映行业内部结构变动趋势。

其次，由于搜集数据以及指标化的困难，本书在研究影响制造业结构变动的因素以及结构变动的生产率效应中仅笼统地量化了市场化改革。实际上市场化改革是一个系统推进的工程，包含众多的制度调整，详细衡量不同类别的制度调整对制造业结构变动及其效率的影响，更能够指导我国市场化改革的推进。因此，在未来可操作的条件下，深入分析市场化改革过程中具体制度调整的影响是进一步的研究方向。

最后，在本书对技术进步贡献的研究基础上，还需要进一步研究以下两个问题：一是发展技术进步速度比较快的高新技术行业需要哪些条件，如何识别一个区域是否能够发展高新技术行业；二是，对于不适合发展高新技术行业的区域而言，采取何种措施调整自身环境，才能更好地利用其他区域高新技术行业的溢出效应，从而推进制造业部门生产率增长。我们在文中研究了结构变动的生产率效应中技术进步的贡献，发现快速技术进步行业对部门生产率的贡献更多地依赖其溢出效应，而非比重的上升。鉴于我国区域经济发展差异，发展技术进步速度比较快的高新技术行业并不是每一区域必然的、唯一的选择，对于一些落后区域而言，更重要的是利用快速技术进步行业的溢出效应，提高制造业部门生产率水平。因此，这就需要进一步识别发展高新技术产业所需要条件，以便于不同区域合理选择制造业结构调整的方向，另外，还需研究经济发展相对落后的区域如何更好地利用其他区域高新技术产业的溢出效应。

参考文献

中文参考文献

［1］〔古希腊〕柏拉图：《理想国》，郭斌和、张竹明译，商务印书馆，第3版，1996。

［2］〔美〕彼得·马什：《新工业革命》，赛迪研究院专家组译，中信出版社，2013。

［3］〔美〕布莱恩·阿瑟：《技术的本质》，曹东溟、王健译，浙江人民出版社，2014。

［4］蔡昉等：《劳动力市场扭曲对区域差距的影响》，《中国社会科学》2001年第2期。

［5］蔡昉等：《农村劳动力剩余及其相关事实的重新考察》，《中国农村经济》2007年第10期。

［6］蔡昉等：《中国工业重新配置与劳动力流动趋势》，《中国工业经济》2009年第8期。

［7］蔡昉：《中国经济增长如何转向全要素生产率驱动型》，《中国社会科学》2013年第1期。

［8］陈劲：《科学、技术与创新政策》，科学出版社，2014。

［9］陈诗一：《中国工业分行业统计数据估算：1980～2008》，《经济学》（季刊）2011年第3期。

［10］陈体标：《经济结构变化和经济增长》，《经济学》（季刊）2007年第4期。

[11] 陈晓光等：《经济结构变化与经济增长》，《经济学》（季刊）2005年第2期。

[12] 陈永伟等：《价格扭曲，要素错配和效率损失：理论和应用》，《经济学》（季刊）2011年第4期。

[13] 陈勇等：《中国工业的技术选择与技术进步：1985~2003》，《经济研究》2006年第9期。

[14] 陈志广：《是垄断还是效率——基于中国制造业的实证研究》，《管理世界》2005年第12期。

[15] 陈宗胜等：《内生农业技术进步的二元经济增长模型——对东亚奇迹和中国经济的再解释》，《经济研究》2004年第11期。

[16] 崔海燕：《居民消费结构变化与产业结构调整研究——以山西省为例》，《山西大学学报》（哲学社会科学版）2008年第5期。

[17] CCER中国经济观察研究组等：《我国资本回报率估测（1978~2006）——新一轮投资增长和经济景气微观基础》，《经济学》（季刊）2017年第3期。

[18] 杜传忠等：《现阶段中国产业结构优化升级的制约因素与升级方向分析》，《泰山学院学报》2013年第4期。

[19] 杜宏宇：《中国制造业结构优化的政策效率研究》，江西财经大学，2012。

[20] 〔德〕杜能：《孤立国同农业和国民经济的关系》（第1版），吴衡康译，商务印书馆，1986。

[21] 樊玉然：《我国装备制造业产业链纵向治理优化研究》，西南财经大学，2013。

[22] 〔美〕弗里曼等：《光阴似箭：从工业革命到信息革命》（第一版），沈宏亮译，中国人民大学出版社，2004。

[23] 〔瑞典〕法格博格等：《牛津创新手册》，柳卸林等译，知识产权出版社，2009。

[24] 干春晖等：《改革开放以来产业结构演进与生产率增长研究——对中国1978~2007年结构红利假说的检验》，《中国工业经济》2009年

第 2 期。

［25］高敬峰：《中国制造业比较优势与产业结构升级研究》，山东大学，2008。

［26］辜胜阻：《创新与高技术产业化》，武汉大学出版社，2001，第64 页。

［27］郭庆旺等：《中国全要素生产率的估算：1979～2004》，《经济研究》2005 年第 5 期。

［28］国家统计局：《中国统计年鉴（1997）》，中国统计出版社，1997。

［29］国家统计局：《中国统计年鉴（2001）》，中国统计出版社，2001。

［30］国家统计局等：《2011 年全国科技经费投入统计公报》，国家统计局，2011。

［31］国家统计局等：《中国高科技产业统计年鉴（2012）》，中国统计出版社，2012。

［32］国家统计局：《中国统计年鉴（2012）》，中国统计出版社，2012。

［33］国家统计局：《2012 年国民经济和社会发展统计公报》，国家统计局，2013。

［34］国家统计局：《国民经济行业分类注释（2011）》，中国统计出版社，2011。

［35］高敬峰：《中国制造业比较优势与产业结构升级研究》，山东大学博士学位论文，2008。

［36］韩小明：《从工业经济到知识经济：我国发展高新技术产业的战略选择》，《中国人民大学学报》2000 年第 3 期。

［37］何枫等：《SFA 模型及其在我国技术效率测算中的应用》，《系统工程理论与实践》2004 年第 5 期。

［38］何禹霆等：《装备制造业产业特征的经济学分析》，《东方企业文化》2012 年第 4 期。

［39］胡永泰：《中国全要素生产率：来自农业部门劳动力再配置的首要作用》，《经济研究》1998 年第 3 期。

［40］黄磊等：《基于超越对数生产函数的能源产出及替代弹性分析》，《河

海大学学报》（自然科学版）2008 年第 1 期。

[41] 黄若奕等，《中国汽车产业发展的路径转换与启示》，《江西社会科学》2013 年第 5 期。

[42] 黄少军：《商品消费，服务消费和经济结构变化——一个微观经济学的分析》，《华南师范大学学报》（社会科学版）2000 年第 2 期。

[43] 江飞涛等：《直接干预市场与限制竞争：中国产业政策的取向与根本缺陷》，《中国工业经济》2010 年第 9 期。

[44] 贾根良：《报酬递增经济学：回顾与展望（二）》，《南开经济研究》1999 年第 1 期。

[45] 贾根良：《第三次工业革命与新型工业化道路的新思维——来自演化经济学和经济史的视角》，《中国人民大学学报》2013 年第 2 期。

[46] 江飞涛：《中国钢铁工业产能过剩问题研究》，中南大学，2008。

[47] 姜涛：《转型时期中国居民消费升级的产业结构效应研究》，山东大学，2009。

[48] 金碚：《中国工业化的资源路线与资源供求》，《中国工业经济》2008 年第 2 期。

[49] 金成晓等：《重化工业化是中国经济发展的必经阶段——基于产业结构调整角度的分析》，《经济纵横》2006 年第 7 期。

[50] 李钢：《新二元经济结构下中国工业升级路线》，《经济体制改革》2009 年第 5 期。

[51] 李红艳：《R&D 经费支出占国内生产总值（GDP）比重》，《数据》2011 年第 8 期。

[52] 李京文等：《中国生产率分析前沿》，社会科学文献出版社，1998。

[53] 李坤望等：《契约执行效率与地区出口绩效差异——基于行业特征的经验分析》，《经济学季刊》2010 年第 9 期。

[54] 李小平等：《中国工业行业的全要素生产率测算——基于分行业面板数据的研究》，《管理世界》2005 年第 4 期。

[55] 李小平等：《中国制造业的结构变动和生产率增长》，《世界经济》2007 年第 5 期。

［56］厉以宁：《让信息化带动工业化，而不是代替工业化》，《中国制造业信息化》2005 年第 7 期。

［57］林金冰：《部分振兴规划产业仍然陷入产能过剩》，http：//economy.caixin.com/2013 － 05 － 22/100530984.html。

［58］林毅夫等：《东亚经济增长模式相关争论的再探讨》，《经济研究》2007 年第 8 期。

［59］林毅夫等：《论我国经济增长方式的转换》，《管理世界》2007 年第 11 期。

［60］林毅夫等：《金融结构与经济增长：以制造业为例》，《世界经济》2003 年第 1 期。

［61］林毅夫等：《发展战略，自生能力和经济收敛》，《经济学》（季刊）2002 年第 2 期。

［62］林毅夫等：《中国的奇迹：发展战略与经济改革》，上海三联书店，1994。

［63］刘明宇等：《价值网络重构、分工演进与产业结构优化》，《中国工业经济》2012 年第 5 期。

［64］刘伟等：《中国经济增长中的产业结构变迁和技术进步》，《经济研究》2008 年第 3 期。

［65］刘秀莲等：《中国产业结构调整的难度及政策选择》，《经济研究参考》2012 年第 42 期。

［66］刘志彪：《产业升级的发展效应及其动因分析》，《南京师大学报》（社会科学版）2000 年第 2 期。

［67］〔美〕罗斯托：《从起飞进入持续增长的经济学》，贺力平等译，四川人民出版社，1988。

［68］吕铁：《对工业结构变化及重化工业化现象的分析与思考》，《学习与探索》2007 年第 5 期。

［69］吕铁等：《重化工业发展与经济增长方式转变》，《中国经济时报》2007 年第 4 期。

［70］吕铁：《制造业结构变化对生产率增长的影响研究》，《管理世界》2002

年第 2 期。

[71] 孟祺:《美国再工业化的政策措施及对中国的启示》,《经济体制改革》2012 年第 6 期。

[72] 能源观察网:《国内外新能源发展情况比较》,http://www.chinaero.com.cn/zxdt/djxx/ycwz/2011/02/95813.shtml。

[73] 〔美〕皮萨诺、史:《制造繁荣》,机械工业信息研究院战略与规划研究所译,机械工业出版社,2014。

[74] 潘文卿:《中国农业剩余劳动力转移效益测评》,《统计研究》1999 年第 4 期。

[75] 〔英〕齐曼:《技术创新进化论》,孙喜杰、曾国屏译,上海科学教育出版社,2002。

[76] 〔美〕钱德勒:《看得见的手:美国企业的管理革命》,重武、王铁生译,商务印书馆,1987。

[77] 〔美〕钱纳里等:《工业化和经济增长的比较研究》,吴奇等译,上海三联书店、上海人民出版社,1989。

[78] 〔美〕钱纳里等:《工业化和经济增长的比较研究》,吴奇等译,上海三联书店、上海人民出版社,1995。

[79] 曲玥等:《"飞雁模式"发生了吗?——对 1998~2008 年中国制造业的分析》,《经济学季刊》2013 年第 3 期。

[80] 石奇等:《消费升级对中国产业结构的影响》,《产业经济研究》2009 年第 6 期。

[81] 史晋川等:《所有制约束与要素价格扭曲——基于中国工业行业数据的实证分析》,《统计研究》2007 年第 6 期。

[82] 〔英〕斯密:《国富论》,郭大力、王亚南译,上海三联书店,2009。

[83] 孙广生等:《全要素生产率、投入替代与地区间的能源效率》,《经济研究》2012 年第 9 期。

[84] 孙佳:《中国制造业产业升级研究》,吉林大学,2011。

[85] 孙军等:《产业结构演变的逻辑及其比较优势——基于传统产业升级与战略性新兴产业互动的视角》,《经济学动态》2012 年第 7 期。

［86］唐志良、刘建江：《美国再工业化对我国制造业发展的负面影响研究》，《国际商务》（对外经济贸易大学学报）2012 年第 2 期。

［87］涂正革等：《中国的工业生产力革命》，《经济研究》2005 年第 3 期。

［88］汪德华等：《政府规模，法治水平与服务业发展》，《经济研究》2007 年第 6 期。

［89］王业强等：《中国制造业区位变迁：结构效应与空间效应——对克鲁格曼假说的检验》，《中国工业经济》2009 年第 7 期。

［90］王永钦等：《中国的大国发展道路——论分权式改革的得失》，《经济研究》2007 年第 1 期。

［91］王宇等：《风险，不确定性和利润》，中国人民大学出版社，2005。

［92］王岳平等：《我国产业结构的投入产出关联特征分析》，《管理世界》2007 年第 2 期。

［93］王子先：《世界各国消费率演变的趋势、比较及启示》，《求是》2006 年第 4 期。

［94］〔德〕韦伯：《工业区位论》，李刚剑、陈志人等译，商务印书馆，2009。

［95］魏梅：《区域经济增长中的生产率与产业结构研究》，兰州大学，2008。

［96］〔美〕沃尔特、惠特曼、罗斯托：《经济成长的阶段》，国际关系研究所编译室译，商务印书馆，第 1 版，1962。

［97］吴敬琏：《中国经济 60 年》，《财经》2009 年第 20 期。

［98］〔美〕西蒙·库兹涅茨：《各国的经济增长》，常勋等译，商务印书馆，1985。

［99］熊勇清等：《战略性新兴产业与传统产业的良性互动发展——基于我国产业发展现状的分析与思考》，《科技进步与对策》2011 年第 5 期。

［100］《中华人民共和国国民经济和社会发展第十二个五年规划纲要》，http://news. xinhuanet. com/politics/2011 – 03 –16/c_ 121193916. htm。

［101］徐建荣：《转型期中国制造业结构变动研究》，南京航空航天大

学，2009。

[102] 许超：《略论我国中低技术产业发展的路径选择：兼评欧盟低技术产业政策与创新研究报告》，《山西科技》2011年第1期。

[103] 杨大楷等：《我国制造业产业结构转型与经济效益提升的实证研究》，《经济学动态》2004年第5期。

[104] 杨洪焦等：《中国制造业结构的演进特征分析及其趋势预测》，《科研管理》2009年第5期。

[105] 杨琳桦：《中国制造潜危机：生产外包回流美国》，《21世纪经济报道》2013年第1期。

[106] 杨全发等：《知识产权保护与跨国公司对外直接投资策略》，《经济研究》2006年第4期。

[107] 杨士年等：《战略性新兴产业发展的趋同化风险及对策思考》，《科技与经济》2011年第4期。

[108] 杨小凯等：《新兴古典经济学和超边际分析》，中国人民大学出版社，2000。

[109] 杨小凯等：《新贸易理论、比较利益理论及其经验研究的新成果：文献综述》，《经济学》（季刊）2001年第1期。

[110] 杨治：《产业经济学导论》，中国人民大学出版社，1985。

[111] 郁建兴等：《地方发展型政府的行为逻辑及制度基础》，《中国社会科学》2012年第5期。

[112] 〔英〕约翰·伊特韦尔：《新帕尔格雷夫经济学辞典》第三卷，许明月等译，法律出版社，2003。

[113] 臧旭恒：《转型时期消费需求升级与产业发展研究》，经济科学出版社，2012。

[114] 张保法：《经济增长中的结构效应》，《数量经济技术经济研究》1997年第11期。

[115] 张保胜：《基于技术链的装备制造业共同创造与创新能力提升》，《技术经济与管理研究》2009年第5期。

[116] 张光录等：《基于制度分析的中国装备制造业竞争力研究》，《科技

管理研究》2009 第 10 期。

[117] 张捷等:《国际分工对产业结构演进的影响及其对我国的启示——基于新兴工业化国家跨国面板数据的经验分析》,《国际贸易问题》2012 年第 1 期。

[118] 张军等:《中国的工业改革与效率变化》,《经济学》(季刊) 2003 年第 1 期。

[119] 张军:《资本形成,投资效率与中国的经济增长:实证研究》,清华大学出版社,2005。

[120] 张军:《分权与增长:中国的故事》,《经济学》(季刊) 2008 年第 1 期。

[121] 张军等:《结构改革与中国工业增长》,《经济研究》2009 年第 7 期。

[122] 张隽等:《我国可再生能源不足 10% 提高能源利用效率》,《经济参考报》2013 年第 8 期。

[123] 张培刚等:《新型工业化道路的工业结构优化升级研究》,《华中科技大学学报》(社会科学版) 2007 年第 2 期。

[124] 赵志耘等:《资本积累与技术进步的动态融合:中国经济增长的一个典型事实》,《经济研究》2007 年第 11 期。

[125] 郑玉歆等:《80 年代中国制造业生产率变动及其来源》,载郑玉歆等《体制转换中的中国工业生产率》1993 年第 1 期。

[126] 郑玉歆:《全要素生产率的测度及经济增长方式的阶段性规律》,《经济研究》1999 年第 5 期。

[127] 郑毓盛等:《中国地方分割的效率损失》,《中国社会科学》2003 年第 1 期。

[128] 李平:《十二五时期工业结构调整和优化升级研究》,《中国工业经济》2010 年第 1 期。

[129] 中国社会科学院预测科学研究中心:《关于我国第二产业外资企业发展对民族企业的影响分析及建议》,研究报告,中国社会科学院,2007。

[130] 中商情报网:《2011 年中国交通运输设备制造业经济发展分析》,

http：//www. askci. com/news/201202/21/12016_ 71. shtml。

[131] 周必健：《从浙江工业增长潜力下降看转型升级之紧要》（上），《统计科学与实践》2012 年第 9 期。

[132] 周达：《中国制造业结构变动研究：1981～2006》，北京知识产权出版社，2008。

[133] 周劲：《我国制造业结构变化趋势》，《中国科技投资》2013 年第 20 期。

[134] 周黎安：《中国地方官员的晋升锦标赛模式研究》，《经济研究》2007 年第 7 期。

[135] 周绍东：《中国工业企业技术创新与行政性进入退出壁垒》，《内蒙古社会科学》2008 年第 4 期。

[136] 周振华：《现代服务业发展：基础条件及其构建》，《上海经济研究》2005 年第 9 期。

[137] 庄燕君：《区域产业结构与消费结构关联分析》，《统计与决策》2005 年第 2 期。

[138] 中国经济观察课题组：《中国资本回报率：事实、原因和政策含义》，《北京大学中国经济研究中心研究报告》2006 年第 3 期。

英文参考文献

[1] Abramovitz. M. ，"The search for the sources of growth：areas of ignorance，old and new"，*The Journal of Economic History* 52（2），1993.

[2] Acemoglu，D. ，Guerrieri V. "Capital Deepening and Nonbalanced Economic Growth"，*Journal of Political Economy*（3），2008.

[3] Acemoglu D. ，Johnson，S. ，"Unbundling Institutions"，*Journal of Political Economy* 113（5），2005.

[4] Akkemik，K. A. ，"TFP growth and resource allocation in Singapore，1965 - 2002"，*Journal of International Development* 19（8），2007.

[5] Amin，M. ，Mattoo ，A. ，"Do Institutions matter more for services?"，*World Bank Publications*，2006.

［6］Amiti, M. , "New trade theories and industrial location in the EU: a survey of evidence", *Oxford review of economic policy* 14 （2）, 1998.

［7］Aoki, S. , "A simple accounting framework for the effect of resource misallocation on aggregate productivity", *Journal of the Japanese and International Economies* 26 （4）, 2012.

［8］Arrow, K. J. , "The economic implications of learning by doing", *The review of economic studies* 16 （8）, 1962.

［9］Bai, C. E. , Hsieh , C. T. , Qian, Y. , "The return to capital in China" *National Bureau of Economic Research*, 2006.

［10］Baumol, W . J. , "Macroeconomics of unbalanced growth: the anatomy of urban crisis", *The American Economic Review* 57 （3）, 1967.

［11］Becker, G . S. , Murphy , K. M. , "The division of labor, coordination costs, and knowledge", *The Quarterly Journal of Economics*107 （4）, 1992.

［12］Benjamin, D. , & Meza, F. , "Total factor productivity and labor reallocation: the case of the Korean 1997 crisis", *The BE Journal of Macroeconomics* 9 （1）, 2009.

［13］Berman, E. , Bound , J. , Griliches , Z. , "Changes in the demand for skilled labor within US manufacturing: evidence from the annual survey of manufactures", *The Quarterly Journal of Economics* 109 （2）, 1994.

［14］Berthélemy, J. C. , Söderling, L. , "The role of capital accumulation, adjustment and structural change for economic take-off: Empirical evidence from African growth episodes", *World Development* 29 （2）, 2001.

［15］Beyers, B. , Lindahl , D. P. , "Explaining the demand for producer services: is cost-driven externalization the major factor", *Papers in Regional Science* 75 （3）, 1996.

［16］Blanchard, O. , Kremer, M. , "Disorganization", *The Quarterly Journal of Economics* 112 （4）, 1997.

［17］Bosco, M. G. , *Integration, technological transfer and intellectual property rights: an empirical application to the MENA countries*, （Milan: working paper, Bocconi University, 2001).

[18] Bound, J., Johnson, G. E., "Changes in the Structure of Wages during the 1980's: An Evaluation of Alternative Explanations", *National Bureau of Economic Research*, 1989.

[19] Brülhart, M., "Economic geography, industry location and trade: the evidence", T*he World Economy* 21 (6), 1998.

[20] Baumol, W. J., Blackman, S. A. B., & Wolff, E. N. "Unbalanced growth revisited: asymptotic stagnancy and new evidence", *The American Economic Review* 75 (4), 1985.

[21] Baumol, W. J., "Macroeconomics of unbalanced growth: the anatomy of urban crisis", *The American Economic Review* 57 (3), 1967.

[22] Bogliacino, F., Lucchese, M., &Pianta, M., "Job creation in business services: Innovation, demand, and polarization", *Structural Change and Economic Dynamics* 25 (6), 2013.

[23] Bretschger, L., Steger, T. M., "The dynamics of economic integration: theory and policy", *International Economics and Economic Policy* 1 (2), 2004.

[24] Chenery, H., "Interregional and International Input-Output Analysis", 1956.

[25] Tibor, Barna, "The Structural Interdependence of the Economy", 1956.

[26] Cheng, W. L., Sachs, J., Yang, X., "A general-equilibrium re-appraisal of the Stolper-Samuelson theorem", *Journal of Economics* 72 (1), 2000.

[27] Clark, C., *The conditions of economic progress*, (London: McMillan, 1957).

[28] Cohen, W. M., Goto, A., Nagata. A., et al, "R&D spillovers, patents and the incentives to innovate in Japan and the United States", *Research policy* 31 (8), 2002.

[29] Cortuk, O., Singh, N., "Structural change and growth in India", *Economics Letters* 110 (3), 2011.

[30] Curry, B., George, K. D., "Industrial concentration: a survey", *The*

Journal of Industrial Economics 31 （3）, 1983.

[31] David, P. A. , "The dynamo and the computer: an historical perspective on the modern productivity paradox", *The American Economic Review* 80 （6）, 1990.

[32] Denison, E. F. , *Accounting for United States economic growth*, （Washington, DC: Brookings Institution, 1974）.

[33] Diebold, J. , . *Automation: the advent of the automatic factory* （New York: van Nostrand, 1952）.

[34] Dietrich, A. , "Does growth cause structural change, or is it the other way around? A dynamic panel data analysis for seven OECD countries", *Empirical Economics* 43 （3）, 2012.

[35] Dixit, A. K. , Stiglitz, J. E. , "Monopolistic competition and optimum product diversity", *The American Economic Review* 67 （3）, 1977.

[36] Dollar, D, Wei ., S. J. , "Das （wasted） Capital: firm ownership and investment efficiency in China", *NBER Working Paper*, 2007.

[37] Dowrick, S, N. , Gemmel, "Industrialization, Catching-Up and Economic Growth: a Comparative Study Across the World's Capitalist Economies", *Economic Journal* 101 （405）, 1991.

[38] Echevarria, C. , "Changes in sectoral composition associated with economic growth", *International Economic Review* 38 （2）, 1997.

[39] EUROPEAN COMMISSION, *statistion on innovation in Europe* （Luxembourg: EUR KS – 32 – 00 – 895 – EN – 1）.

[40] Fagerberg, J. , "Technological progress, structural change and productivity growth: a comparative study", *Structural change and economic dynamics* 11 （4）, 2000.

[41] Fan Shenggen, Xiaobo Zhang and Sherman Robinson, 2003. "Structural Change and Economic G rowth in China", *Review of Development Economics* 7 （3）, 2000.

[42] Foellmi, R, Zweimüller , J. , "Structural change, Engel's consumption

cycles and Kaldor's facts of economic growth", *Journal of Monetary Economics* 55 (7), 2008.

[43] Freeman, C., Soete, L., *The economics of industrial innovation* (London: Psychology Press, 1997).

[44] Fernandez, R., &Palazuelos, E., "European Union Economies Facing 'Baumol'sDisease' within the Service Sector", *Journal of Common Market Studies*50 (2), 2012.

[45] Foellmi, R, Zweimüller, J. "Structural change, Engel's consumption cycles and Kaldor's facts of economic growth", *Journal of monetary Economics*55 (7), 2008.

[46] Galbraith, J. K., Crook, A., *The affluent society* (Boston: Houghton Mifflin, 1958).

[47] Gerschenkron, A., *Economic backwardness in historical perspective: a book of essays* (Cambridge: Harvard University Press, 1962).

[48] Gilboy, G. J., Heginbotham, E., "China's Dilemma. Social Change and Political Reform", *Foreign Affairs* 14 (10), 2010.

[49] Goux, D., Maurin, E., "The decline in demand for unskilled labor: an empirical analysis method and its application to France", *Review of Economics and Statistics* 82 (4), 2000.

[50] Griliches, Z., "Hybrid corn: An exploration in the economics of technological change", *Econometrica, Journal of the Econometric Society* 21 (6), 1957.

[51] Grossman, G. M., Innovation and growth in the global economy, (MIT press, 1993).

[52] Guerrieri, P., & Meliciani, V., "Technology and international competitiveness: the interdependence between manufacturing and producer services", *Structural Change and Economic Dynamics*16 (4), 2005.

[53] Hayami, Y., Ogasahara, J., *The Kuznets versus the Marx Pattern in Modern Economic Growth: A Perspective from the Japanese Experience*, (Department of

Agricultural, Resource, and Managerial Economics: Cornell University, 1995）.

［54］ Hayami, Y. , *Development economics: from the poverty to the wealth of nations.* (Oxford University Press, 2005）.

［55］ Hayashi, F. , Prescott, E . C. , "The depressing effect of agricultural institutions on the prewar japanese economy", *National Bureau of Economic Research.* , 2006.

［56］ Hsieh, C. T. , Klenow, P. J. , "Misallocation and manufacturing TFP in China and India", *The Quarterly Journal of Economics* 124 (4), 2009.

［57］ Ju, J. , Wei, S. J. , *Endowment versus finance: a wooden barrel theory of international trade* (International Monetary Fund, 2005）.

［58］ Ju, J. , Lin, J. Y. , Wang, Y. , "Endowment Structure, Industrial Dynamics, and Economic Growth", *National Bureau of Economic Research*, 2009.

［59］ Karp, L. , Paul , T. , "Intersectoral migration costs and multiple equilibria", *Working Paper*, 2005.

［60］ Kim, S. , "Expansion of markets and the geographic distribution of economic activities: the trends in US regional manufacturing structure, 1860 – 1987", *The Quarterly Journal of Economics* 110 (4), 1995.

［61］ Klenow, P. , "Comment on It's Not Factor Accumulation: Stylized Facts and Growth Models, by William Easterly and Ross Levine", *The World Bank Economic Review* 233 (12), 2001.

［62］ Kongsamut, P. , Rebelo, S. , Xie, D. , "Beyond balanced growth", *The Review of Economic Studies* 68 (4), 2001.

［63］ Kravis, I. A. , Heston, A. , Summers, R. , "The share of services in economic growth", *Global Econometrics: Essays in Honor of Lawrence R. Klein*, 1983.

［64］ Kumbhakar, S. C. , Denny, M. , Fuss, M. , "Estimation and decomposition of productivity change when production is not efficient: a panel data approach", *Econometric Reviews* 19（4）, 2000.

[65] Kuznets, S., Murphy, J. T., *Modern economic growth: Rate, structure, and spread*（New Haven: Yale University Press, 1996）.

[66] Kuznets, S., "On Comparative Study of Economic Structure and Growth of Nations" // "National Bureau of Economic Research", *The Comparative Study of Economic Growth and Structure.*（New York: NBER. 1959）.

[67] Kuznets, S., *Economic Growth of Nations: Total Output and Production Structure*（Cambridge, MA: Harvard University Press, 1971）.

[68] Kuznets, S., "Modern Economic Growth: Findings and Reflections", *American Economic Review* 63（3）, 1973.

[69] Kylymnyuk, D., Maliar, L., Maliar, S., "A model of unbalanced sectorial growth with application to transition economies", *Economic Change and Restructuring* 40（4）, 2007.

[70] Kox, H., &Rubalcaba, L., "Analysing the Contribution of Business Services to European Economic Growth", European Economic Studies Department, College of Europe, 2007.

[71] Krugman, P., "Increasing returns and economic geography", *Journal of political economy* 99（3）, 1991.

[72] Kuznets, S., Jenks E., *Appendices and Index to "Capital in the American Economy: Its Formation and Financing"*（Princeton University Press, 1961）.

[73] Levin, R., Klevorick, A., Nelson, R., and Winter, S., "Appropriating the Returns from Industrial R&D", *Brookings Paper on Economic Activity*（3）, 1987.

[74] Lewis, WA. "Economic Development with Unlimited Supplies of Labor", *Manchester School of Economic and Social Studies* 22（2）, 1954.

[75] Lewis, WA., "The State of Development Theory", *American Economic Review* 74（1）, 1984.

［76］ Lin, J. Y., "Development Strategy, Viability, and Economic Convergence", *Economic Development and Cultural Change* 51 (2), 2003.

［77］ Lin, J. Y., *Economic development and transition: thought, strategy, and viability* (Cambridge University Press, 2009).

［78］ Machin, S., Van Reenen, J., "Technology and changes in skill structure: evidence from seven OECD countries", *The Quarterly Journal of Economics* 113 (4), 1998.

［79］ Malerba, F., Orsenigo, L., *Knowledge, Innovative Activities and Industry Evolution. industrial and Corporate Change* 136 (9), 2000.

［80］ Micco, A., Repetto, A., "Productivity, Misallocation and the Labor Market" (Working Paper, 2012).

［81］ Myers, S., Marquis, D. G., *Successful industrial innovations: A study of factors underlying innovation in selected firm*, "miracle and modern growth theory", *The Economic Journal* 109 (457), 1969.

［82］ Maroto-Sánchez, A., "Productivity in European Private and Public Services: A growth accounting exercise", *Journal of Service Science* 2 (1), 2010.

［83］ Ngai, L. R., Pissarides, C. A., "Structural Change in a Multisector Model of Growth", *The American Economic Review* 97 (1), 2007.

［84］ Ngai, L. R., Pissarides, C., "Structural Change in a Multi-Sector Model of Growth", *CEPR Discussion Papers*, 2004.

［85］ North, D. C., *Structure and change in economic history* (New York: Norton, 1981).

［86］ Oulton, N., "Must the growth rate decline? Baumol's unbalanced growth revisited", *Oxford Economic Papers* 53 (4), 2001.

［87］ Paulinyi, A., *Industrielle Revolution* (Rowohlt Verlag, Reinbek bei Hamburg, 1989).

［88］ Pavitt, K., "Sectoral patterns of technical change: towards a taxonomy and a theory", *Research policy* 13 (6), 1984.

［89］ Peneder, M., "Industrial structure and aggregate growth", *Structural change and economic dynamics* 14 (4), 2003.

［90］ Peneder, M., "Intangible investment and human resources", *Journal of Evolutionary Economics* 12 (12), 2002.

［91］ Porter, M . E., *the competitive advantage of nations* (New York: The Free Press. 1990) .

［92］ Pugno, M., "The service paradox and endogenous economic growth", *Structural Change and Economic Dynamics*17 (1), 2006.

［93］ Rajan, R. G., Zingales, L., "Financial Dependence and Growth", *American Economic Review* 86 (9), 1998.

［94］ Rauch, J. E., "Networks versus markets in international trade", *Journal of international Economics* 48 (1), 1999.

［95］ Rogers, E. M., Diffusion of innovations (New York, The Free Press, 1995) .

［96］ Ryder, H. E., "Optimal accumulation in a two-sector neoclassical economy with non-shiftable capital", *The Journal of Political Economy* 77 (4), 1969.

［97］ Salter, W. E. G., *Productivity and Technical Change* (Cambridge: Cambridge University Press, 1960) .

［98］ Schmookler, J., *Invention and econom ic growth* (Cambridge: Harvard University Press, 1966) .

［99］ Seyoum, B., "The impact of intellectual property rights on foreign direct investment", *The Columbia Journal of World Business* 31 (1), 1996.

［100］ Smarzynska Javorcik, B., "The composition of foreign direct investment and protection of intellectual property rights: Evidence from transition economies", *European economic review* 48 (1), 2004.

［101］ SPRU, "innovation outputs in European industry (CIS)", *report to the European innovation monitoring system*, 1996.

［102］ Srinivasan, T. N., "Optimal savings in a two-sector model of growth", *Econometrica: Journal of the Econometric Society* 56 (16), 1964.

[103] Strang, D., Soule, S. A., "Diffusion in organizations and social movements: From hybrid corn to poison pills", *Annual review of sociology* 24 (1), 1998.

[104] Sutton, J., *Sunk costs and market structure: Price competition, advertising, and the evolution of concentration* (MIT press, 1991).

[105] Sutton, J., "Technology and market structure", *European Economic Review* 40 (3), 1996.

[106] Swedberg, R., *Schumprter: A Biograph* (Princeton: Princeton University Press, 1999).

[107] Syrquin, M., "Resource allocation and productivity growth", *Economic Structure Performance Essays in Honor of Hollis B*, Eds. Syrqui, M., Taylor, L., Westphal, L. E. (Chenery, Academic Press, 1984).

[108] Tellis, G. J., Stremersch, S., Yin, E., "The international takeoff of new products: The role of economics, culture, and country innovativeness", *Marketing Science* 22 (2), 2003.

[109] Timmer, M. P., Szirmai, A., "Productivity growth in Asian manufacturing: the structural bonus hypothesis examined", *Structural Change and Economic Dynamics* 11 (4), 2000.

[110] Vollrath, D., "How important are dual economy effects for aggregate productivity?", *Journal of Development Economics* 88 (2), 2009.

[111] Vollrath, D., "How important are dual economy effects for aggregate productivity?", *Journal of Development Economics* 88 (2), 2009.

[112] Walker, R. A., "Is there a service economy? The changing capitalist division of labor", *Science & Society* 49 (1), 1985.

[113] Williamson, O. E., *Markets and hierarchies* (New York, 1975).

[114] Young, A. A., "Increasing returns and economic progress", *The Economic Journal*, 38 (152), 1928.

[115] Zheng, J., Bigsten, A., Hu, A., "Can China's growth be sustained?

A productivity perspective", *World Development* 37 (4), 2009.

[116] Zheng, J., Liu, X., Bigsten, A., "Efficiency, technical progress, and best practice in Chinese state enterprises (1980 – 1994)", *Journal of Comparative Economics* 31 (1):, 2003.

[117] Pugno, M., "The Service Paradox and Endogenous Economic Growth", *Structural Change and Economic Dynamics* 17 (1), 2006.

[118] Vincenti, C. D., "Baumol's Disease. Production Externalities and Productivity Effects of Intersectoral Transfers", *Metroeconomica*, 58, 2007.

图书在版编目(CIP)数据

中国制造业结构变动与生产率增长 / 王霄琼著 . --
北京:社会科学文献出版社,2017.11
ISBN 978 - 7 - 5201 - 1790 - 6

Ⅰ.①中⋯　Ⅱ.①王⋯　Ⅲ.①制造工业 - 产业结构调
整 - 研究 - 中国 ②制造工业 - 劳动生产率 - 研究 - 中国
Ⅳ.①F426.4

中国版本图书馆 CIP 数据核字(2017)第 281021 号

中国制造业结构变动与生产率增长

著　　者 / 王霄琼

出 版 人 / 谢寿光
项目统筹 / 高　雁
责任编辑 / 王楠楠

出　　版 / 社会科学文献出版社·经济与管理分社 (010)59367226
　　　　　　地址:北京市北三环中路甲 29 号院华龙大厦　邮编:100029
　　　　　　网址:www. ssap. com. cn
发　　行 / 市场营销中心 (010)59367081　59367018
印　　装 / 北京季蜂印刷有限公司

规　　格 / 开本:787mm × 1092mm　1/16
　　　　　　印张:12.75　字数:190 千字
版　　次 / 2017 年 11 月第 1 版　2017 年 11 月第 1 次印刷
书　　号 / ISBN 978 - 7 - 5201 - 1790 - 6
定　　价 / 75.00 元

本书如有印装质量问题,请与读者服务中心 (010 - 59367028)联系